Herausgegeben
von der KfW Bankengruppe

Controlling

Herausgegeben
von der KfW Bankengruppe

Controlling

So behalten Gründer und junge Unternehmer
ihre Finanzen im Griff

Von Christine Demmer

Frankfurter Allgemeine Buch

Bibliografische Informationen Der Deutschen Bibliothek
Die Deutsche Bibliothek verzeichnet diese Publikation in der Deutschen Nationalbibliografie; detaillierte bibliografische Daten sind im Internet über http://dnb.ddb.de abrufbar.

Herausgegeben von der KfW Bankengruppe

Controlling
So behalten Gründer und junge Unternehmer ihre Finanzen im Griff

Von Christine Demmer

F.A.Z.-Institut für Management-,
Markt- und Medieninformationen GmbH
Frankfurt am Main 2006

ISBN-10: 3-89981-122-4
ISBN-13: 978-3-89981-122-3

KfW Bankengruppe
Palmengartenstraße 5–9
60325 Frankfurt
Telefon: 069 7431-0
Telefax: 069 7431-2944
infocenter@kfw.de
www.kfw.de

August 2006

Frankfurter Allgemeine Buch

Copyright F.A.Z.-Institut für Management-, Markt- und Medieninformationen GmbH
Mainzer Landstraße 199
60326 Frankfurt am Main
Umschlaggestaltung F.A.Z.-Marketing/Grafik
Titelbild Corbis
Satz Innen Nicole Jäger
Druck Druckerei Steinmeier, Nördlingen
Bindung Oldenbourg Buchmanufaktur, Monheim

Printed in Germany

Inhalt

Vorwort

Keinem vernünftigen Menschen wird es einfallen, Geld oder Arbeit in eine Sache zu investieren, die keinen Gewinn abwirft. Idealisten mag es ja in erster Linie darauf ankommen, Spaß im Job zu haben und sich durch die Arbeit selbst zu verwirklichen. Realisten dagegen erwarten, dass unterm Strich dabei mindestens soviel herauskommt, wie sie als angestellte Arbeitnehmer verdient haben oder verdienen könnten. Wie gesagt: *Mindestens soviel.* Es darf gerne noch ein bisschen mehr sein.

Unsere Experten vom KfW-Infocenter bekommen immer wieder Fragen gestellt, warum unterm Strich so wenig übrig bleibt. Dieses Buch soll die Antwort darauf geben und Ihnen helfen, auch in Sachen Finanzen erfolgreich zu sein.

Umsatz minus Betriebsausgaben ergibt Gewinn – oder Verlust, wenn nicht vernünftig gewirtschaftet wird. Wie viel Sie aber tatsächlich in einem Jahr umgesetzt haben, wissen Sie frühestens an Neujahr. Dann ist es aber zu spät, um noch etwas zu ändern. Sie sind doch Unternehmer und nicht „Unterlasser" – oder? Das bedeutet: Bei aller Freiheit, die Sie haben, gibt es ein paar Dinge, die Sie keinesfalls vergessen, übersehen oder unterlassen dürfen.

Betrachten Sie es doch mal so: Als Freiberufler oder selbständiger Unternehmer sitzen Sie (hoffentlich) auf einer Ölquelle. Als Sie darauf gestoßen sind, haben Sie bestimmt eine Probebohrung vorgenommen – was in Ihrem Geschäft soviel heißt wie: die Konkurrenz unter die Lupe genommen, potenzielle Kunden befragt, Marktforschung betrieben. Sie können also mit Zuversicht sagen, *dass* Ihr Grund und Boden Erdöl führt – aber *wie viel*, wissen Sie nicht. Ebenso wenig wissen Sie, welchen Aufwand Sie leisten müssen, um das schwarze Gold ans Tageslicht zu befördern. Wenn sich erst nach zwei Jahren harter Arbeit herausstellt, dass

Sie weitere Bohrgeräte, Förderanlagen und Mitarbeiter benötigen, um den Schatz zu heben, gerät Ihre Kalkulation ins Wanken. Ohne finanzielle Reserven bleibt Ihr Unternehmen womöglich auf halber Strecke stehen – und das nur, weil Sie es versäumt haben, von Zeit zu Zeit eine Prüfsonde in Ihre Einkommensquelle zu stecken.

Auch die laufenden Kosten dürfen Ihnen nicht aus dem Blickfeld geraten. Das ist leichter gesagt als getan, denn man macht Ihnen den unangenehmen Vorgang „Geld ausgeben" so einfach wie möglich. Zum Beispiel werden Mieten, Strom, Gas und Wasser, Leasingraten, Versicherungsprämien, Kreditzinsen, Gehälter, Sozialabgaben, Beiträge und andere laufende Kosten bequem vom Firmenkonto abgebucht und mit den eingegangenen Zahlungen Ihrer Kunden verrechnet. Der bargeldlose Zahlungsverkehr nimmt uns zwar Routinearbeit ab, wiegt uns aber auch in trügerischer Sicherheit. Oder können Sie auf den Cent genau den Stand Ihres Firmenkontos angeben, sagen wir: wie es in zehn Tagen aussehen wird?

Ob als Erdölmagnat, als Geschäftsführerin eines Trainingsinstitutes oder als Inhaber eines Sanitär- und Heizungsbetriebes: Sie allein führen das Steuer der Firma. Dazu müssen Sie zwei Dinge wissen. Erstens: Wo liegt Ihr Ziel? Aber wenn Sie mitten auf hoher See umherschippern, rund um Sie herum nur Wasser und kein Land in Sicht, reicht das noch nicht. Sie müssen also zweitens Ihre aktuelle Position kennen – und zwar zu jedem Zeitpunkt. Nur dann steuern Sie in die richtige Richtung und kommen an Ihr Ziel.

Als Kaufmann, Händler, Dienstleister und Handwerker steht Ihnen dazu eine reiche Auswahl an geeigneten und in der Praxis erprobten Mess- und Steuerinstrumenten zur Verfügung. „Um Himmels willen", hören wir Sie stöhnen, „muss ich mich jetzt tatsächlich noch mit Zahlen und Statistiken und Tabellen und solchen Sachen beschäftigen? Ich bin doch kein Erbsenzähler! Und wozu habe ich eigentlich meinen Steuerberater? Ich muss schließlich arbeiten, um mein Geschäft voran zu treiben."

Na, dann treiben Sie mal schön weiter allein auf hoher See. Wir hoffen, Sie haben genügend Proviant dabei, Ihr Schiff rostet nicht vor sich hin, Sie kreuzen nicht auf Piratenkurs, der Wind bläst weiterhin kräftig in die Segel und Ihre Mannschaft meutert nicht angesichts eines orientierungslosen Steuermannes. Nur zur Erinnerung: Hatten Sie sich am Anfang nicht mit einem festen Ziel vor Augen auf die Reise begeben? Sie sind gewiss auch deshalb Unternehmer geworden, weil Sie Mut und Vertrauen in sich selbst und nicht zuletzt eine gute Geschäftsidee hatten. Weil Sie aus eigenem Willen heraus Ihren Weg zum Erfolg bestimmen und planieren wollten. Weil Sie Unternehmer sein wollten und eben nicht „Unterlasser". Nun, wenn Sie das immer noch wollen, dann blättern Sie weiter. Gute Reise!

1 Sicherheit zuerst Controlling ist ein prima Wachhund

- Controlling ist einfacher, als Sie glauben
- Was wollen Sie erreichen?
- Über die allfälligen Steuern und Abgaben
- Das dicke Ende nicht vergessen
- Verlieren Sie Ihr Ziel nicht aus den Augen!

Bange machen gilt nicht: Controlling ist einfacher, als Sie glauben

Controlling klingt viel schwieriger, als es tatsächlich ist. Im Kern ist es ein Werkzeugkasten, gefüllt mit höchst unterschiedlich kleinen und großen Hilfsmitteln, Instrumenten und Methoden, aus denen Sie sich das Passende für Ihren Betrieb heraussuchen und den Rest vorerst auf die Seite legen. Sie könnten es später einmal brauchen. Und Sie wissen ja: Man hat nie genug an gutem Werkzeug.

Controlling ist sogar ziemlich einfach, wenn man sich erst einmal mit seiner Denkweise vertraut gemacht hat. Denn die Unternehmensrechnung (so heißt Controlling auf gut Deutsch) will Ihnen als Steuermann und Steuerfrau Ihres eigenen Unternehmens eine zuverlässige, ehrliche, loyale und unbestechliche Navigationshilfe sein, nicht aber eine bürokratische Zusatzaufgabe und schon gar keine zeitraubende Pflichtübung für den sowieso knapp bemessenen Feierabend. Jede Wette: Sie brauchen höchstens ein, zwei Stunden pro Woche, um jederzeit im Bild zu sein.

Am Ende werden Sie noch etwas feststellen. Auf den ersten Blick kümmert sich Controlling zwar um das, was in der Vergangenheit gewesen ist. Daraus werden Sie aber lernen, gewisse Schlussfolgerungen für die Zukunft zu ziehen und Ihre Entscheidungen noch sicherer als bisher treffen und begründen zu können. Mit anderen Worten: Controlling hilft Ihnen, zu verstehen, wo Sie heute wirtschaftlich mit Ihrem Betrieb stehen, wie Sie dorthin gekommen sind und was Sie tun müssen, um Ihre nächsten Ziele zu erreichen.

Darüber hinaus erfüllt Controlling die unentbehrliche Funktion eines Signalgebers. So lange alle Lichter auf grün stehen, müssen Sie sich keine Sorgen um die Firma machen. Blinken Ihnen die Zahlen aber ein grellgelbes „Achtung!“ zu, dann sollten Sie eingreifen, um Schlimmeres abzuwenden. Denn springt die Lampe erst auf rot und geht womöglich gar nicht mehr aus, dann dauert es nicht mehr lange, bis Ihnen Ihre Geldgeber, Lieferanten oder die Finanzbehörden energisch auf die Finger klopfen. Leider ist es dann oft zu spät für einen Kurswechsel. Aber wenn Sie die Sprache der Zahlen verstehen, wird Ihnen früh genug klar, wann und warum und wohin Sie Ihren Kurs ändern müssen. Controlling ist keine schicke Umschreibung für Buchhaltung, Kostenrechnung und Kontrolle. Controlling ist ein umfassendes Steuerungsinstrumentarium für das gesamte Unternehmen mit eingebauter Sicherheitsfunktion. Nur müssen Sie die zuerst aktivieren. Das ist der Zweck dieses Buches.

Falls es noch eines weiteren Argumentes bedarf, um Ihnen den Sinn des Controlling vor Augen zu führen, dann denken Sie an das Finanzamt und an diejenigen, die Ihnen Kapital geliehen haben, damit Sie Ihren Betrieb auf die Beine stellen konnten. Beide wollen von Ihnen Geld sehen: Das Finanzamt in Form von Einkommen- und Umsatzsteuern, die Kapitalgeber – fast immer dabei: Ihre Bank – in Form von Kreditzinsen. Die Berechnungsgrundlage für die von Ihnen zu zahlenden Steuern ist Ihr jährlicher Gewinn, das heißt: Einnahmen minus Ausgaben. Die müssen Sie mit den dazu gehörigen Rechnungen „belegen“ können. Auch wollen alle fremden Geldgeber („fremd“ ist jeder außer Ihnen selbst, deshalb „Fremdkapitalgeber“ genannt) diesen vom Steuerberater zusammengestellten und vom Finanzamt geprüften Ausweis Ihres Betriebserfolges sehen – allen voran die Bank, bei der Sie Ihr Geschäftskonto führen.

Selbst wenn Sie kein Betriebsdarlehen aufgenommen haben, hat Ihnen das Kreditinstitut Ihres Vertrauens bei der Kontoeröffnung sicher einen Kontoüberziehungsrahmen eingeräumt, den so genannten Dispositionskredit. Dafür werden Ihnen regelmäßig Zinsen und Gebühren in Rechnung gestellt. Hinzu kommen die Zinsen für ein eventuelles

Betriebsdarlehen. Wie hoch die sind, darüber entscheiden Sie als Unternehmer kräftig mit! Denn seit diesem Jahr orientiert sich die Höhe der Fremdkapitalzinsen nicht nur am bundesweiten Leitzins, sondern auch an Ihrer Bonität als Unternehmer. Unter dem Schlagwort „Basel II“ hat das Kreditgewerbe europaweit beschlossen, seine Kunden in Risikoklassen einzusortieren. Diejenigen Bankkunden, deren Kredite für die Bank mit einem höheren Ausfallrisiko behaftet sind, zahlen einen höheren Zinssatz als solvente und besonders ertragsstark bewertete Kontoinhaber. Wie die Bank die guten von den schlechten Risiken unterscheidet? Ganz einfach: Bei Selbständigen werden die Kassenlage, die Betriebsergebnisse in der Vergangenheit und die künftigen Geschäftsaussichten in einem „Rating“ bewertet. Jedes Jahr aufs Neue. Deshalb will die Bank auch jedes Jahr Ihren aktuellen Jahresabschluss sehen.

Haben Sie es bemerkt? Wir sind schon mitten drin im Thema Controlling. Gehen wir gleich noch einen Schritt weiter.

Der „Papierkram“ sagt Ihnen, wo Sie stehen

Das Finanzamt und das Risikodenken der Kreditinstitute zwingen Sie zur Buchführung über jeden einzelnen Geschäftsvorfall, der mit „Geld rein“ oder „Geld raus“ verbunden ist. Selbständige Kaufleute und Handwerker müssen deshalb fast jedes Stück Papier aufheben, auflisten und zehn Jahre lang aufbewahren, zum Beispiel:

- Kassenbons
- Kontoauszüge der Bank
- Quittungen
- Lohnabrechnungen der Mitarbeiter
- Eingangsrechnungen
- Kopien der Ausgangsrechnungen
- Geschäftskorrespondenz
- Verträge und Vereinbarungen
- Versicherungsunterlagen
- Abrechnungen der Krankenkasse

Das freilich ist nicht jedermanns Sache. Nicht selten bekommen Steuerberater einmal im Jahr einen großen Karton mit Papier in die Hand gedrückt, verbunden mit der Aufforderung: „Bitte bringen Sie da Ordnung rein. Und sagen Sie mir dann, was ich an das Finanzamt zu zahlen habe." Der Steuerberater freut sich, denn er verdient an dieser Dienstleistung. Der Unternehmer aber vergibt eine riesengroße Chance: Heransegelnde Gefahren oder schweres Wetter so früh zu erkennen, dass er gerade noch rechtzeitig ausweichen kann. Anders arbeitet er zwölf Monate lang hart vor sich hin und erfährt erst danach, nämlich zu Beginn des neuen Geschäftsjahres, wo sein Geld geblieben ist und für was er eigentlich gearbeitet hat. Die Folge: Mancher Chef, manche Chefin fällt aus allen Wolken, wenn sie hören, was tatsächlich unterm Strich übrig geblieben ist. Dass sich womöglich die Arbeit eines ganzen Jahres nicht rentiert hat, weil der Gewinn weitaus niedriger ausgefallen ist, als ursprünglich erwartet, oder weil ein erheblicher Verlust die Notgroschenkasse zu sprengen droht.

Wenn Sie jetzt nicken und aus alldem den Schluss ziehen: „Das soll mir nicht passieren. In Zukunft gucke ich mir einmal in der Woche meine Kontoauszüge und die gesammelten Rechnungen an und hefte sie der Reihe nach ab", dann denken Sie bereits wie ein Controller und haben als Steuermann Ihres Firmenschiffes erfolgreich vom Ufer abgelegt. Es ist wirklich so: Die Belege aus der zurückliegenden Zeit sind der wich-

Das kann und sollte jeder Unternehmer in die eigene Hand nehmen:

- Ein **Kassenbuch** führen, in dem alle Bargeldeinnahmen und Bargeldausgaben chronologisch eingetragen werden.
- Regelmäßig die **Kontoauszüge** des Firmenkontos auf Vollständigkeit und Richtigkeit prüfen und hinter jeder Position vermerken, worum es dabei ging. So zum Beispiel: „Rg. Sanitäreinkauf Müller v. 31.1.06". Bei Überweisungen die Lieferantenrechnung dahinter abheften, bei Geldeingängen eine Kopie der Ausgangsrechnung an den Kunden.
- Die **Betriebswirtschaftliche Auswertung** (BWA), die der Steuerberater monatlich oder vierteljährlich erstellt, nicht nur einfach ablegen, sondern gründlich lesen. Sie ist ein frühes Signal dafür, wie sich das Geschäft im Laufe des Jahres entwickelt – und mit welcher Steuerzahlung später zu rechnen ist.

tigste Rohstoff für das Controlling, denn sie beweisen nicht nur schwarz auf weiß, wo Ihr Geld geblieben ist, sondern zeigen Ihnen auch, wo Sie in Zukunft sparen können.

Auch wenn Sie es nicht glauben: Die Hilfsmittel, die Sie als Chefcontroller benötigen, können Sie in jedem Großmarkt mit Bürobedarf in einer Viertelstunde kaufen. Als Grundausstattung brauchen Sie nur:

- einen Kugelschreiber, einen Locher, einen Hefter sowie einen Tischrechner, der einen Papierstreifen ausspuckt (hilfreich bei der Kontrolle, ob Sie sich vertippt haben),
- ein handelsübliches Kassenbuch mit Spalten für Einnahmen und Ausgaben,
- vier Papp- oder Kunststoffordner: einen für die laufende Ablage der Eingangsrechnungen, einen für die Kopien der Ausgangsrechnungen, einen für die Kontoauszüge der Bank und einen für die Auswertungen Ihres Steuerberaters sowie die Bescheide des Finanzamtes. Sicher ist sicher, und Sie wissen ja: Was man schwarz auf weiß besitzt ...

Die gute Nachricht: Als Ein-Chef/in-Dienstleister, kleinerer Einzelhändler oder Handwerksbetrieb mit höchstens einer Handvoll Mitarbeiter brauchen Sie für Ihre Controlling-Zwecke weder einen Computer noch irgendein Buchführungs-, Kostenrechnungs- oder Bilanzierungsprogramm. Jedenfalls dann nicht, wenn Sie sich der Unterstützung eines Steuerberaters versichern, was angesichts des komplizierten deutschen Steuerrechtes heute sowieso nahezu unumgänglich ist. Die meisten Steuerberater erstellen nicht nur den Jahresabschluss, sondern nehmen Ihnen auf Wunsch auch die Buchführung ab. Gebucht wird entlang Ihrer Kontoauszüge oder anhand von Belegen, abgerechnet wird meist einmal im Jahr. Auf die Höhe der Rechnung können Sie durchaus Einfluss nehmen. Je mehr Sie selbst sammeln, sortieren, durchnummerieren und in Ordnern ablegen, desto weniger schulden Sie später dem Steuerberater.

Eines hingegen können wir Ihnen nicht ersparen – die Zeit, die Sie selbst für das Controlling aufwenden müssen. Wie viele Stunden Sie jeden Monat mit dem „Papierkram“ am Schreibtisch verbringen, hängt wesentlich ab von der Größe Ihres Betriebes, Ihrem Steuerungswillen, Ihrem Sicherheitsbedürfnis und von Ihrer Neugier. Denn Controlling kann Ihnen viele Fragen beantworten, die Sie sich so noch nicht gestellt haben:

- „Was habe ich denn nun tatsächlich an dem dicken Mayer-Auftrag verdient?“
- „Reichen meine Einkommensteuervorauszahlungen in diesem Jahr hin oder muss ich nachzahlen?“
- „Wie viel Umsatz mache ich eigentlich mit Privatkunden?“
- „Lohnt es sich für mich, einen weiteren Bankkredit aufzunehmen?“
- „Lege ich drauf, wenn ich bei dieser Kalkulation noch mal zwei Prozent runtergehe?“
- „Welche Kundengruppe bringt mir anteilsmäßig den größten Gewinn?“
- „Arbeitet mein Betrieb wirklich rentabel?“

Eine Frage indes kann Ihnen die sorgfältigste Buchführung nicht beantworten. Die Frage nämlich, wohin Sie mit Ihrem Firmenschiff kommen wollen. Anders formuliert: Was ist Ihr Unternehmensziel? Das ist ganz allein Ihre Sache. Denn Sie sind Chef oder Chefin. Sie bestimmen, wo es lang gehen soll.

Das Wichtigste zuerst: Was wollen Sie erreichen?

Wenn die Antwort jetzt nicht wie aus der Pistole geschossen kommt, tasten Sie sich am besten schrittweise an sie heran. Hier einige Denkanstöße:

- Wollen Sie auf die Schnelle reich werden, oder setzen Sie eher auf den langfristigen Erfolg?
- Haben Sie schlicht keine Lust auf Hartz IV und sagen sich: „Ich probier' es mal“, oder sehen Sie in der Firma Ihren wahren Lebensinhalt?
- Wollen Sie Ihren Kindern eines Tages ein blühendes Unternehmen hinterlassen, oder können Sie sich vorstellen, es zum richtigen Zeitpunkt (wann das ist, sagt Ihnen das Controlling!) zu verkaufen?
- Muss die Firma nur Sie allein oder eine ganze Familie ernähren?
- Verkaufen Sie gern, arbeiten Sie gern und haben Sie Ihre Kunden gern? Alle oder nur einige? Warum?

„Fragen über Fragen", murmeln Sie jetzt wahrscheinlich vor sich hin. „Ich denke, Controlling soll mir Antworten geben?!" Ja, das tut es auch, freilich erst dann, wenn Sie über die Festlegung Ihres Unternehmenszieles Ihren persönlichen Informations- und Steuerungsbedarf ermittelt haben. Wenn Ihr erklärtes Ziel „schnelles Wachstum" heißt, dann brauchen Sie dafür mehr Kapital als für eine allmähliche Geschäftsausweitung. Um Kapital zu bekommen, müssen Sie Gewinne ausweisen. Wenn Sie jedoch hohe Gewinne ausweisen, schlägt das Finanzamt erbarmungslos zu. Das Geld für die Steuern müssen Sie erwirtschaften und zurücklegen. Was Sie zurücklegen, können Sie nicht für Investitionen ausgeben. Ohne zu investieren können Sie aber nicht wachsen ...Wie war das noch gleich mit dem Kurshalten auf hoher See? Jetzt das Steuer nach links oder nach rechts? Wer nicht weiß, wo er hin will, dem ist jeder Kurs Recht ...

Angenommen, Sie wissen genau, was Sie mit Ihrem Betrieb erreichen wollen. Zum Beispiel: Er soll Ihnen und Ihrer Familie Zeit Ihres aktiven Lebens ein auskömmliches Einkommen erwirtschaften und Sie den Ruhestand ohne finanzielle Sorgen genießen lassen. Dann sollten Sie sich mindestens einmal im Jahr folgende Kontrollfragen stellen:

- Wie profitabel ist Ihre Firma? Womit verdient sie am meisten, mit Produkten, mit Service, mit welchen Kunden?
- Wie steht es um Ihre Gesamtkosten, wie hoch sind die Festkosten, wie hoch die auftragsabhängigen (die variablen) Kosten?
- Gibt es Mitarbeiter, fest angestellte oder freie? Halten Sie es für erforderlich, daran etwas zu ändern?
- Was liegt auf Lager, Rohwaren, halbfertige Erzeugnisse, fertige Produkte, die noch auf Käufer warten? Wie alt ist der Lagerbestand?
- Welche Aufträge liegen vor, sind sie sicher?
- Was haben Sie in den letzten Jahren in Ihren Betrieb investiert? Genügt das, um im Markt mithalten zu können?
- Wie sieht Ihre Kundenliste aus? Viele Stammkunden, viele neue Kunden? Wenige große Kunden, viele kleine Kunden, gemischt?
- Wie ist Ihr Unternehmen finanziert, wie hoch sind Eigenkapital und Fremdkapital? Welche Kredite sind wann fällig?

- Wie wurde in der Vergangenheit der Gewinn verwendet? Haben Sie hohe Beträge für sich selbst entnommen oder den Profit wieder in die Firma hineingesteckt?
- Mit welchen Risiken ist zu rechnen, stehen Steuernachzahlungen aus, werden kurzfristig Kredite fällig, stehen Außenstände auf der Kippe?
- Welche vertraglichen Bindungen ist Ihre Firma eingegangen, und wie schnell kommen Sie dort heraus?

Sie sehen: Einmal im Controlling geübt, werden Sie die betriebswirtschaftlichen Werkzeuge nicht nur für die Steuerung des Tagesgeschäftes (den operativen Bereich) einsetzen. Controlling hilft Ihnen auch dabei, die richtige Langfristentscheidung zu treffen, also strategisch zu handeln.

Brutto für netto – Über die allfälligen Steuern und Abgaben

Wenn es um das unangenehme, aber nicht auszublendende Thema Steuern geht, sind gleich beide Sichtweisen des Controlling gefragt: die operative und die strategische Perspektive. Deshalb lohnt es sich hier ganz besonders, einen Moment länger zu verweilen.

Als Inhaber oder Inhaberin eines eigenen Unternehmens wollen und müssen Sie Gewinn erzielen. Gelingt Ihnen das über eine geraume Zeit hinweg nicht, dann fressen die Verluste Ihr im Betrieb gebundenes Vermögen auf. Unter bösen Umständen kann das ganz schnell gehen. Ihr Startkapital rinnt Ihnen aus den Fingern. Sie sind gezwungen, Ihre Erzeugnisse oder Dienstleistungen unter Wert zu verkaufen. Gegen Schnäppchenpreise räumen Sie das Lager, Mitarbeiter werden entlassen, der Mietvertrag für das Büro, die Halle oder die Werkstatt gekündigt. Die Bank fordert Sie eindringlich auf, Ihre Kredite zurückzuzahlen. Längst schlafen Sie schon nicht mehr gut und zerbrechen sich am Tag den Kopf, wie der Niedergang aufzuhalten ist. Binnen weniger Monate kann Ihr Ausflug in die Selbständigkeit zu Ende sein. Noch viel schneller geht es, wenn Sie dem Staat die geforderten Steuern verweigern. In dieser Hinsicht ist „Vater“ Staat erbarmungslos!

Als Selbständiger haben Sie mindestens zwei, oft drei und mehr unterschiedliche Arten von Steuern zu bezahlen.

Die Einkommensteuer

Die Einkommensteuer bemisst sich nach der Höhe Ihres jährlichen Gewinnes. Theoretisch wird sie im Nachhinein fällig, wenn Sie die Einnahmen also längst auf Ihrem Konto haben. In der Praxis fordert das Finanzamt von Ihnen schon im laufenden Jahr alle drei Monate eine Vorauszahlung auf die Einkommensteuer. Deren Höhe orientiert sich an Ihrem zu versteuernden Gewinn des vorangegangenen Jahres. Lies: Wenn Sie 2006 etwa 25.000 Euro Gewinn erzielt haben, geht das Finanzamt frohgemut davon aus, dass Sie das 2007 auch wieder schaffen werden, und fordert am 10. Januar, am 10. April, am 10. Juli und am 10. Oktober des Jahres 2007 jeweils ein Viertel der Einkommensteuer von Ihnen, die Sie für das ganze Jahr zu zahlen hätten. Erst am Ende wird geguckt, ob die Rechnung aufgegangen ist und ob Sie vielleicht weniger oder mehr Steuern hätten zahlen müssen.

Diese Steuertermine sollten Ihnen absolut heilig sein, denn wenn Sie die Fristen nicht einhalten, schicken Ihnen die Behörden heute ganz schnell einen knallhart formulierten Zahlungsbefehl ins Haus. Wenn Sie trotz Aufforderung nicht zahlen, wird Ihr Geschäftskonto gesperrt. Das wiederum lässt sofort die Alarmglocken beim Kreditinstitut klingeln: Was ist da los? Vergessen sie jeden noch so kreativen Versuch, sich herauszureden; die Banken kennen ihre Pappenheimer. Kurz darauf läutet es bei Ihnen Sturm: Ihr Dispositionskredit wird gekündigt, Betriebsdarlehen fällig gestellt, die Schutzgemeinschaft für das Allgemeine Kredit-

Das ist bei den Einkommensteuervorauszahlungen zu beachten:

Um bei den Fristen auf der sicheren Seite zu sein, können Sie dem Finanzamt eine Lastschrifteinzugsermächtigung geben. Dann werden die fälligen Beträge pünktlich von Ihrem Konto abgebucht und Sie riskieren keinen Versäumniszuschlag. Dieser unbestreitbare Vorteil setzt aber voraus, dass Ihr Privat- oder Geschäftskonto zu den Steuerterminen die nötige Deckung aufweisen muss. Verweigert Ihre Bank mangels Guthaben die Abbuchung, dann wird Ihr zuständiger Finanzbeamter hellhörig und könnte Ihnen unter Umständen eine außerordentliche Betriebsprüfung bescheren. Wenn Sie deshalb nicht sicher sind, dass Ihr Konto stets ordnungsgemäß gedeckt ist, dann zahlen Sie lieber klassisch per Einzelüberweisung. Es wird deshalb nicht teurer.

gewerbe (Schufa) informiert. Wundern Sie sich nicht, wenn kurz darauf Ihre Telefone und Ihre Internetkommunikation nicht mehr funktionieren: Der Schufa-hörige Netzbetreiber könnte Ihnen den Zugang gesperrt haben. Wie wollen Sie dann noch Geschäfte machen? Also: Halten Sie die Steuerfristen und Zahlungstermine um jeden Preis pünktlich ein, wenn Sie nicht mit Ihrem Firmenschiff gegen einen Eisberg donnern wollen. Der ist immer stärker als Sie.

Die Umsatzsteuer

Die Umsatzsteuer ist die zweite Steuerart, mit der Sie es als Unternehmer unter Garantie zu tun bekommen. Sie hat zwei Namen, je nachdem, von welcher Seite aus Sie es betrachten: Die Umsatzsteuer (mit wenigen Ausnahmen heute noch 7 und 16 Prozent, ab 2007 geplant 7 und 19 Prozent), die in den von Ihnen gekauften Waren und Dienstleistungen enthalten ist, heißt Vorsteuer. Die Umsatzsteuer, die Sie hingegen auf Ihre Ausgangsrechnungen aufschlagen, heißt Mehrwertsteuer. Als Freiberufler und Gewerbetreibender verrechnen Sie beides miteinander, ziehen also von Ihrer erhobenen Mehrwertsteuer die von Ihnen bezahlte Vorsteuer ab. Am Ende kommt heraus, ob Ihnen Geld vom Finanzamt erstattet wird oder ob das Finanzamt von Ihnen Geld bekommt.

Abhängig von der Höhe Ihres Jahresumsatzes (im ersten Geschäftsjahr dürfen Sie noch schätzen) müssen Sie diese Rechnung jährlich, vierteljährlich oder monatlich anstellen, die Endsumme (plus oder minus) dem Finanzamt mitteilen und die Differenz gegebenenfalls bezahlen. Tun Sie das nämlich nicht, dann schätzt das Finanzamt Ihre Steuerschuld und erhebt saftige Versäumnisgebühren. Im schlimmsten Fall

Das ist bei den Umsatzsteuervorauszahlungen zu beachten:

Seit einiger Zeit haben Sie die Möglichkeit, die monatlichen oder vierteljährlichen oder jährlichen Umsatzsteuermeldungen online an das Finanzamt abzugeben. Die dazugehörige Software können Sie unter www.elster.de kostenlos aus dem Internet herunterladen. Wenn Sie keinen PC und Internetzugang haben, verwenden Sie Papierformulare; die gibt es beim Finanzamt und beim Steuerberater. Lassen Sie sich nicht abspeisen: Die Behörden müssen altmodisches Papier entgegennehmen. Die Frage ist nur, wie lange noch.

tritt dieselbe Eskalationsspirale wie bei der Einkommensteuer ein. Gestatten Sie eine rhetorische Frage: Sie wollen doch nicht ernsthaft wegen 617,48 Euro abzuführender Umsatzsteuer Ihren ganzen Betrieb stilllegen? Zahlen Sie, und zahlen Sie pünktlich.

Die Gewerbesteuer

Zur Gewerbesteuer, aus der sich Städte und Gemeinden finanzieren, herangezogen werden alle Kapitalgesellschaften (KG, GmbH, AG) sowie gewerblich tätige Einzelunternehmen und Personengesellschaften, wenn sie einen Gewerbeertrag von mehr als 24.500 Euro oder mehr als 350.000 Euro Umsatz im Jahr erzielen. Freiberufler wie Ärzte, Rechtsanwälte, Berater und Künstler sowie andere nichtgewerblich selbständig Tätige müssen keine Gewerbesteuer zahlen. Land- und forstwirtschaftliche Betriebe werden nur besteuert, wenn sie im Handelsregister eingetragen sind oder wenn der Umsatz, der mit gewerblichen Dienstleistungen erzielt wird, 5.000 Euro im Jahr übersteigt. Die Höhe der Gewerbesteuer hängt vom jeweiligen Hebesatz der Kommune ab und vom Jahresergebnis des Betriebes. Auch hier ist sehr auf die Einhaltung der Zahlungsfristen zu achten. Der Gewerbesteuerbescheid ergeht zwar von der Stadt, in der die Betriebsstätte ihren Sitz hat. Das für die Firma zuständige Finanzamt berechnet aber die Steuer aufgrund des Jahresabschlusses und dient somit als Erfüllungshilfe.

Neben Einkommen-, Umsatz- und Gewerbesteuer können Sie zu weiteren Steuerarten herangezogen werden. Welche das sind, hängt von Ihrer individuellen Finanz- und Vermögenslage ab, von der Art Ihres Betriebes und davon, ob Sie Mitarbeiter beschäftigen. Wenn Letzteres der Fall ist, müssen Sie die Lohn- und Kirchensteuern Ihrer Beschäftigten vom Gehalt zurückbehalten und pünktlich an das Finanzamt abliefern. Wenn Sie das einmal vergessen sollten, verstehen die Behörden überhaupt keinen Spaß.

Das dicke Ende nicht vergessen

Kommen wir auf den Beginn unseres Ausflugs in die unendlichen Welten der Steuern zurück, auf die Einkommensteuer. Das Finanzamt ist der „natürliche Feind“ jedes Selbständigen. Anders als die Bank können Sie es nicht ohne weiteres wechseln; Sie müssten dazu schon Ihre Betriebsstätte in eine andere Stadt verlegen. Mit dem Finanzamt müssen Sie also auskommen, ob Sie wollen oder nicht.

Wenn Sie die Formvorschriften zur Gründung eines Unternehmens eingehalten haben, lässt Sie der Fiskus ungestört Ihren Geschäften nachgehen. Sie können nach Herzenslust schalten und walten, Geld investieren und an Ihrer Arbeit verdienen und Gewinne machen. Doch spätestens nach dem ersten Geschäftsjahr schlägt er zu.

Dann will der Finanzminister, vertreten durch seine Mitarbeiter in den Finanzämtern, sehen, wie Sie gewirtschaftet haben. Nicht etwa, um Ihnen vorzuschreiben, was Sie hätten anders oder besser machen können. Man wirft Ihnen auch nicht gleich persönliches Versagen vor, wenn Sie im ersten Jahr einen Verlust produziert haben. Nur wird Ihr zuständiger Sachbearbeiter ins Grübeln kommen, ob Sie denn überhaupt eine Gewinnerzielungsabsicht haben. „Klar habe ich die!", sagen Sie empört. „Hätte ich sonst die Firma aufgemacht?" „Das sagen viele", versichert Ihnen Ihr Gegenüber und fordert Sie auf, glaubhaft zu belegen, dass und wann Sie in die schwarzen Zahlen kommen wollen. Sie sollten seiner freundlichen Bitte unbedingt folgen, denn prinzipiell ist der Verdacht berechtigt. Jahr für Jahr gehen dem Fiskus Millionenbeträge durch Umsatzsteuerbetrug und andere Gaunereien verloren. Deshalb stehen Sie heute nahezu vom Tag der Firmengründung an unter strengster Beobachtung, insbesondere dann, wenn Sie Mitarbeiter beschäftigen.

Doch nehmen wir an, Sie haben gleich im ersten Geschäftsjahr prima verdient und sind großzügig bereit, Ihr Scherflein Steuern zu entrichten. Sie reichen beim Finanzamt den Jahresabschluss ein, bekommen kurze Zeit darauf einen Einkommensteuerbescheid und zahlen fristgerecht und ohne Widerspruch. Im selben Umschlag wie der Steuerbescheid steckt aber ein weiteres Papier, und das sollten Sie sich mindestens genauso gründlich anschauen.

Darauf steht nämlich, wann und in welcher Höhe von Ihnen die künftigen Vorauszahlungen auf die Einkommensteuer zu entrichten sind. Vier Mal im Jahr, eben zu den oben erwähnten Steuerterminen. Wenn Sie diese vier Summen addieren, kommen Sie in etwa auf die Höhe Ihrer soeben für das Vorjahr bezahlten Einkommensteuer. „Auch gut", denken Sie, „zahle ich eben etwas an, dann wird der Batzen im nächsten Jahr geringer."

Im laufenden Jahr erzielen Sie sogar ein ganz hervorragendes Ergebnis! Also hält das Finanzamt im nächsten Frühjahr die Hand ganz weit auf und verlangt, selbstverständlich unter Abzug Ihrer geleisteten Vorauszahlungen, zusätzlich doch den befürchteten Batzen. Just in diesem Jahr aber, im Beispiel also im Jahr drei Ihrer selbständigen Existenz, läuft geschäftlich wenig bis gar nichts. Jetzt fällt es Ihnen schwer, das Geld für die Einkommensteuernachzahlung zusammenzukratzen. Trotzdem liegt dem Steuerbescheid wieder jenes unauffällige Schriftstück bei, mit dem Ihre vierteljährlichen Vorauszahlungen der Höhe nach dem letztjährigen Gewinn angepasst werden!

Sie müssen also gleichzeitig Einkommensteuer *nachzahlen,* weil Sie über die Erwartung des Finanzamtes hinaus so gut verdient haben, und Sie müssen *deutlich mehr als früher* vorauszahlen, weil der Fiskus glaubt, es ginge bei Ihnen so fröhlich weiter wie bisher. Dabei sind Ihre Umsätze in den ersten Monaten des Jahres doch regelrecht eingebrochen! Überdies stehen einige Außenstände auf der Kippe. Kurz: Sie wissen überhaupt nicht, wo Sie das Geld für die Vorauszahlungen zum nächsten Steuertermin hernehmen sollen.

Genau das schreiben Sie Ihrem Einkommensteuerbeamten. Und was, glauben Sie, bekommen Sie zu hören? „Mit dem aktuellen Umsatzrückgang müssen Sie schon selbst klar kommen“, lehnt Ihr Sachbearbeiter jede Verantwortung ab. Recht hat er, denn Sie sind der Unternehmer. „Haben Sie denn im Laufe des Jahres nichts zurückgelegt? Sie hätten doch schon vor einem Jahr aus Ihren Geschäftszahlen herauslesen können, dass eine dicke Steuernachforderung auf Sie zukommen wird. Da hätten Sie rechtzeitig planen sollen. Jetzt können wir auch nichts mehr machen.“

Spätestens jetzt ist die Stunde da, wo Ihnen das bisher vernachlässigte Controlling verzeiht und Sie aus der Patsche reißt.

Mit Hilfe Ihres Tischrechners machen Sie nämlich noch am selben Tag einen Kassensturz – eine stichtagsbezogene „Einnahme-Überschuss-Rechnung“, mehr dazu in Kapitel 2 – und schauen, was für Sie übrig bleiben würde, wenn Sie, nur angenommen, heute Ihre Firma schließen und eine Jahresabschlussbilanz erstellen müssten. Wenn sich Ihr Verdacht bewahrheitet und der Gewinn in den ersten Monaten erheblich unter dem desselben Zeitraumes im Jahr zuvor geblieben ist, dann treten Sie sofort als Controller in Aktion. Tüten Sie das klägliche Ergebnis

Ihrer Berechnung unter Beifügung von Beweisen (eine Liste Ihrer bisherigen Eingangsrechnungen und Ihrer Ausgangsrechnungen sowie den Tippstreifen mit dem erschreckenden Saldo) ein und senden den ganzen Packen zusammen mit der höflichen Bitte um Herabsetzung der Vorauszahlungen an das Finanzamt. Mit ziemlicher Sicherheit wird Ihr Sachbearbeiter daraus entnehmen, dass Sie und das Controlling endlich zueinander gefunden haben, und Ihrem Ersuchen stattgeben.

Und damit Ihnen so etwas nicht noch einmal passiert, schwören Sie angesichts des Fortbestandes Ihrer Firma,

- nie wieder Kontoauszüge, Ausgangsrechnungen, Eingangsrechnungen, Quittungen und Kassenbons über Barausgaben achtlos in den Steuerberaterkarton zu werfen,
- Ihren Steuerberater zu bitten (falls er es nicht ohnehin tut), Ihnen jedes Quartal eine Betriebswirtschaftliche Auswertung (BWA) zuzusenden, aus denen Ihre aktuelle Ergebnissituation hervorgeht,
- diese möglich noch am Posteingangstag gründlich zu studieren und, falls der Quartalsgewinn erheblich über dem des Vorjahreszeitraumes liegen sollte, vorausschauend eine hübsche Summe auf einem zinsbringenden Sparkonto zu platzieren,
- mindestens einmal im Monat, besser: jede Woche anhand Ihrer Bankauszüge zu prüfen, ob Ihre Kunden tatsächlich bezahlt haben, und andernfalls energisch zu mahnen,
- und sich jede Woche eine oder zwei oder, wenn es sein muss, auch drei ruhige Stunden Zeit zu nehmen, um in Zukunft Ihrer Verantwortung als Chefcontroller ernsthaft nachzukommen.

Vorsorglich lassen Sie sich eines gesagt sein: Ihr Partner vom Finanzamt macht das nicht noch einmal mit!

Verlieren Sie Ihr Ziel nicht aus den Augen!

Mit dem vorgenannten Szenario wollen wir Sie beileibe nicht von Ihrem unternehmerischen Schaffensdrang abhalten, bitte verstehen Sie das nicht falsch. Was Ihnen freilich jetzt klar geworden sein sollte, ist die Tatsache, dass es längst nicht mehr ausreicht, ein erstklassiger Verkäufer, ein gewiefter Kaufmann, ein begnadeter Handwerker oder ein beflissener Dienstleister zu sein, um geschäftlichen, das heißt: finanziellen Erfolg zu haben. Erinnern Sie sich an unseren mit einem festen Ziel abgesegelten Seemann: In seinem Beruf hat er gelernt, die Ladung auf einem Schiff ordentlich zu vertäuen, Seekarten zu lesen, Wind und Wellen einzuschätzen, das Ruder zu setzen und die Segel richtig auszurichten. Wie man aber den richtigen Kurs bestimmt und wie danach das Steuerrad zu bewegen ist, das weiß er erst, seit dem er als Steuermann in der Verantwortung steht. Ebenso steht es um Sie und um das Controlling: Man kann es lernen. Man muss es sogar lernen, wenn man an sein Ziel kommen will. Sonst trifft nämlich Seemann und Unternehmer leicht das gleiche Schicksal: Sie gehen baden.

Schulzes Tagebuch: „Buchhaltung? Nein, Danke!"

Fred Schulze hat die Nase voll. Seit drei Jahren ist der 37-jährige Installateurmeister nun selbständig. Hat den Betrieb vom alten Paul Meier übernommen. Mit zwei Mitarbeitern und vielen Stammkunden. Darum hat Schulze ordentlich zu tun. Was natürlich auch ein Glück ist in diesen Zeiten. Doch viel Arbeit heißt auch viel Stress. Aufträge reinholen, Aufträge kalkulieren, Material einkaufen, Personal planen, Termine einhalten, Qualität überwachen, Zahlungseingänge kontrollieren. Kaum ein Tag hat weniger als 16 Stunden, freie Wochenenden mit Ehefrau Petra sind selten. „Und dann noch die Buchhaltung", stöhnt Schulze oft am Donnerstags-Stammtisch „Beim Willi".

„Die Buchhaltung". Damit quält sich Schulze schon von Beginn an herum. Ist einfach nicht sein Ding. Er ist Handwerker, Praktiker und kein Mann fürs Büro. „Sonst hätt' ich ja gleich Bankkaufmann werden können", sagt er seinem Steuerberater Scheitel immer. Der hat übrigens gerade eben angerufen. Will, dass Schulze einen drei Monate alten Bewirtungsbeleg korrekt ausfüllt. „Nerven hat der", brummt Schulze vor sich hin, „woher soll ich heute noch wissen, wem von den Jungs auf der Baustelle ich damals die Currywurst spendiert habe?"

Insgeheim weiß Schulze natürlich, dass Steuerberater Scheitel Recht hat. „Klar, muss ja sauber zugehen. Will mit denen vom Finanzamt keinen Ärger riskieren." Schließlich hat Schulze schon genug Brass im Betrieb. Gerade jetzt, wo er endlich die Chance hat, mal an einen Auftrag der Stadt zu kommen. Das städtische Schulzentrum wird saniert, und bei der Ausschreibung der Installationsarbeiten will Schulze auch ein Angebot abgeben. Den ganzen Buchhaltungskram fährt er deshalb zurzeit auf ultrakleiner Flamme. Packt alle Belege in einen Karton und gibt den dann einmal im Monat bei Scheitel ab. Fertig. „Der macht das schon alles richtig. Arbeitet ja schon seit über zehn Jahren für den Hermann Schneider, unseren Dorfbäcker. Und dessen Backstube läuft schließlich super."

Die monatlichen Umsatzsteuererklärungen, die Schulze als Doppel für seine Unterlagen bekommt, landen in der Regel mitsamt der Betriebswirtschaftlichen Auswertung weitgehend unbeachtet im Aktenschrank. Ein ewiger Streitpunkt zwischen Scheitel und Schulze. „Ist doch Geld auf dem Konto", sagt Schulze immer wieder, während sein Steuerberater hartnäckig versucht, ihm den Wert korrekter kaufmännischer Daten zu erklären. Scheitel nennt das immer „die Sprache der Zahlen verstehen". Doch spätestens, wenn der Begriff „Controlling" auftaucht, ist Schulze endgültig genervt. „Ob die Zahlen stimmen, sehe ich doch am Kontostand", sagt er. Er braucht kein „Navigationssystem", das ihm den Weg in die Zukunft zeigt. Hält das für aufgeblasene Spinnerei von Schreibtischjungs. „Ich brauche Aufträge. Dann läuft der Laden. So einfach ist das."

Mit Grauen denkt Schulze darum schon wieder an die nächste Woche. Scheitel hat sich angesagt, um mit ihm den Jahresabschluss zu besprechen. Auch über den Auftrag für die Schulsporthalle will der Steuerberater mit ihm reden. „Dabei hat der keine Ahnung vom Bau." Mag sein. Aber vielleicht hat Scheitel einfach die Zeitung etwas gründlicher gelesen als Schulze. Da stand nämlich gestern ganz groß im Lokalteil: „Elektro Klingel pleite – Traditionsbetrieb bei Großauftrag verkalkuliert." *(Fortsetzung nach Kapitel 2)*

2 Endlich selbständig Controlling hilft, dass Sie es bleiben

- Geld kommt von der Bank – aber es kommt nicht von allein ...
- Die Steuern
- Buchhaltung ist nicht sexy, aber wichtig
- Der Jahresabschluss
- Keine Chance für die Krise

Geld kommt von der Bank – aber es kommt nicht von allein ...

Erinnern Sie sich? Der Weg in die Selbständigkeit hat Sie eine Stange Geld gekostet. Etwas weniger, wenn Sie Ihren Lebensunterhalt mit Zettel und Bleistift als feingeistiger Dichter verdienen. Etwas mehr, wenn Sie als produzierender Gewerbetreibender auf einen modernen Maschinenpark, auf großräumige Lagerkapazitäten, Rohmaterialbestände, Spezialwerkzeuge oder andere teure Ausstattung angewiesen sind. Für all das haben Sie einmal Geld gebraucht, und das brauchen Sie auch heute noch.

Willkommen im Club der Controller! „Club“ bedeutet: Sie sind mit Ihren Überlegungen rund um die Finanzen nicht allein. Schließlich können nur die allerwenigsten Unternehmer das Abenteuer Selbständigkeit ohne fremde Hilfe aus eigenen finanziellen Reserven verwirklichen. Dabei heißt „Controlling“ zunächst einmal nichts anderes als „gründliche“ Planung. Und die beginnt immer beim wichtigsten Fundament: der gut überlegten Finanzierung.

Die Aufstellung eines schlüssigen Finanzplanes ist besonders dann völlig unverzichtbar, wenn Sie Ihre Firma nicht allein aus eigenen Ersparnissen finanzieren können (oder möchten), sondern darüber hinaus Fremdkapital in Form eines Bankkredits benötigen. Der Bedarf dafür kann auch noch lange nach der Gründung auftreten. Bevor Sie den Kredit beantragen, klären Sie zunächst folgende Punkte:

1. Wie viel Geld benötigen Sie und wofür brauchen Sie es?
2. Bis wann wollen Sie das Darlehen zurückbezahlen?
3. Welche wirtschaftlichen Vorteile erreichen Sie damit?
4. Wie können Sie Ihren Zahlungspflichten stets pünktlich nachkommen?

Genau diese Fragen stellt Ihnen der Banker! Deshalb müssen Sie hierauf plausible Antworten haben, am besten schriftlich mit Begründung. Schludern Sie hier bitte nicht und reden Sie sich auch nichts schön. Denn zu optimistische Annahmen können später im schlimmsten Falle Ihre junge Existenz bedrohen. Darum sollten Sie bei der finanziellen Planung des Beginns oder der Ausweitung Ihrer Selbständigkeit einen Profi an Ihre Seite holen. Zum Beispiel einen kundigen, vertrauenswürdigen Steuerberater. Der kostet zwar bereits sofort Geld, doch sparen Sie nicht an der falschen Stelle. Falls Sie mit einem unausgegorenen Finanzierungskonzept zum Kreditgespräch bei Ihrer Hausbank antreten, können Sie Ihr Betriebsdarlehen erst einmal vergessen. Denn warum sollte Ihnen die Bank Geld anvertrauen, wenn Sie durch eine laxe Vorbereitung durchblicken lassen, dass Ihnen der betriebswirtschaftliche Durchblick fehlt?

Ein professioneller Finanzplan ...

... enthält stets vollständige und plausibel begründete Aussagen zu Ihrem Vorhaben. Orientieren Sie sich dabei an folgenden sechs Punkten:

1. Informationen zur geplanten Investitionen
2. Informationen zur geplanten Finanzierung Ihrer Selbständigkeit bzw. der Investition
3. Informationen zur privaten Kostensituation
4. Informationen zum geplanten (zusätzlichen) Mindestumsatz
5. Informationen zur Planung Ihrer Liquidität
6. Informationen zur Planung der Rentabilität Ihrer (zusätzlichen) Geschäftsidee

Planen Sie die Investition Ihres Lebens

In diesem Punkt geht es um eine genaue Aufstellung der von Ihnen geplanten Anschaffungen – und natürlich vor allem der damit verbundenen Kosten. Zur Orientierung dienen dabei unter anderem folgende Fragen:

- Welche Kosten sind im Vorfeld der Firmengründung oder -erweiterung zu berücksichtigen? (Rechtsanwalt, Steuerberater, Werbung, Geschäftspapiere, Telefonanschlüsse ...)
- Welche Anlagegüter (Maschinen, Werkzeuge, Fuhrpark, also keine Waren) müssen Sie (zusätzlich) in Ihr Geschäft investieren? Listen Sie jedes Gerät, jedes Möbelstück auf und notieren Sie dahinter die voraussichtlichen Anschaffungskosten. Denken Sie daran, dass es für vieles einen Gebrauchtmarkt gibt. Gerade am Anfang muss nicht alles vom Feinsten sein.
- Wie viel Geld benötigen Sie für den Anfangsbestand an Rohwaren oder Handelsgütern? Wie viel Geld benötigen Sie für die Ausweitung Ihres Bestandes?
- Welche Betriebsmittel (dazu gehören auch Strom, Gas und Wasser) müssen Sie erstmalig und später regelmäßig einkaufen? Kalkulieren Sie mindestens für sechs bis zwölf Monate im Voraus.

Nun zählen Sie die Beträge zusammen. Sie werden kaum auf eine einzelne Summe kommen, sondern auf eine Spannweite von XX Euro bis YY Euro. Vom Maximalbetrag nehmen Sie zehn Prozent und addieren sie hinzu. Das ist Ihre Reserve für Unvorhergesehenes! Der Bank- oder Sparkassenberater wird anerkennend nicken und einen umsichtigen Menschen in Ihnen erkennen.

KfW-Gründercoaching

- Gründern und jungen Unternehmern bietet das KfW-Gründercoaching kompetente und persönliche Unterstützung durch ausgewiesene Experten.
- Der entscheidende Vorteil zu anderen Beratungshilfen: ein 50- bis 65-prozentiger Zuschuss zum Beratungshonorar aus Mitteln der KfW Mittelstandsbank und des Europäischen Sozialfonds.

- Es kann bis zu fünf Jahre nach der Unternehmensgründung in Anspruch genommen werden.
- Das KfW-Gründercoaching wird nahezu bundesweit angeboten. Welche Länder aktuell beteiligt sind, erfahren Sie unter www.kfw-mittelstandsbank.de, Stichwort „Beratung". Die Kontaktaufnahme erfolgt über die Kooperationspartner vor Ort (IHK, HWK u.a.)

Beraterbörse der KfW Mittelstandsbank

- Unter www.kfw-beraterboerse.de finden Sie den Berater Ihres Vertrauens, der z.B. über entsprechende Branchenkenntnisse oder Erfahrungen mit dem Beratungsthema verfügt.
- Die Qualität des Beraters für bestimmte Branchen und Beratungsthemen wird durch bewertete Referenzprojekte nachgewiesen,
- Dabei wird unter anderem angezeigt, welche Berater im Rahmen unserer oder der Beratungsförderung unserer Kooperationspartner beauftragt werden können.

Gründungsberatung auf der Messe

Viele angehende Selbständige nutzen auch regionale und überregionale Existenzgründermessen für ein persönliches Beratungsgespräch. Die KfW Mittelstandsbank ist jedes Jahr auf vielen Existenzgründermessen präsent. Unter www.kfw-mittelstandsbank.de, Rubrik Beratung, Finanzierungsberatung, finden Sie den KfW-Messekalender. Wir freuen uns auf Ihren Besuch!

Finanzierungsplanung

Den Banker interessiert beim Gespräch zum Thema Gründungs- (oder Erweiterungs-)kredit vor allem zwei Dinge: a) Wie viel Eigenkapital bringen Sie mit? b) Wie viel fremdes Kapital brauchen Sie?

Achten Sie darauf, dass der Anteil an eigenem Kapital die Marke von 15 Prozent der gesamten Finanzierungssumme keinesfalls unterschreitet. Bei Firmenneugründungen kann der Rest durch ein oder mehrere miteinander kombinierte Gründerdarlehen auch noch Jahre später finanziert werden. Doch behalten Sie eines immer im Hinterkopf: Je mehr Fremdkapital Sie aufnehmen, desto störungsanfälliger wird Ihr Unternehmen. Denn Zinsen und Tilgung werden auch in schlechten Zeiten fällig.

Die sechs Grundregeln für eine optimale Unternehmensfinanzierung:

- Höchstmöglicher Einsatz von Eigenmitteln
- Kombination zinsgünstiger Fördermittel
- Nutzung tilgungsfreier Jahre
- Anpassung der Kreditlaufzeiten an betriebliche Nutzungsdauer (zum Beispiel erworbener Maschinen)
- Bei allen Investitionen stets einen Finanzierungspuffer berücksichtigen
- Liquidität hat immer Vorrang vor Rentabilität. Das heißt: Mieten oder Leasen kann im Einzelfall teurer sein, bindet aber weniger Kapital

So könnte Ihr Finanzierungsplan aussehen:

Einmal angenommen, der Investitionsplan eines Gründungs- oder Erweiterungsunternehmers beläuft sich für Maschinenpark, Büroausstattung, Fahrzeuge, Warenlager und Spezialwerkzeuge auf eine Summe von insgesamt 100.000 Euro. Dann könnte sich eine Musterfinanzierung mit KfW-Mitteln etwa an folgendem Beispiel orientieren:

Eigenkapital:	15 Prozent (15.000 Euro)
plus Unternehmerkapital	
(ERP-Kapital für Gründung):	25 Prozent (25.000 Euro)
plus Unternehmerkredit:	60 Prozent (60.000 Euro)
Gesamt:	100 Prozent (100.000 Euro)

Zum Finanzierungsplan gehören zwingend auch Angaben über die geplante Mittelverwendung. Am besten ist es dabei, mit Ihrem Eigenkapital das so genannte „Anlagevermögen" zu finanzieren. Also die Maschinen, die Büromöbel, die Grundausstattung an Handwerkszeug, der Vorrat an Geschäftspapier. All das eben, was Sie zur Aufnahme oder

Erweiterung Ihres Geschäftsbetriebs benötigen. Ein Firmenwagen ist oft unverzichtbar. Aber, bitte, halten Sie Ihren Unternehmerstolz im Zaum! Gerade am Anfang muss es wirklich kein Porsche sein! Von Vernunft geprägte Bescheidenheit macht bei Ihren Kunden (und bei der Bank!) einen erheblich besseren Eindruck. Heben Sie sich die repräsentative Nobelkarosse lieber für die Zeit auf, wenn Ihre Firma an Fahrt gewonnen hat und Sie die ersten Kredite zurückgezahlt haben.

Das zur Verfügung gestellte Fremdkapital sollte möglichst zur Deckung des Umlaufvermögens genutzt werden. Davon finanzieren Sie zum Beispiel das Holz, aus dem Sie Möbel schreinern, oder die Wasserzangen, Schellen und Dichtungen, die Sie als Installateur im Bestand haben müssen, oder die Tonnen an Kaffee und die Stöße von Papier, wenn Sie als Texter Geld verdienen wollen. Experten nennen diese Aufteilung die „goldene Bilanzregel". Versuchen Sie, sie nach Möglichkeit einzuhalten.

Wir helfen Ihnen gerne, das Beste aus sich herauszuholen!

Öffentliche Förderdarlehen können prinzipiell von jedem gründenden Kaufmann und Handwerker über die Hausbank beantragt werden. Die Vorteile dieser Finanzierungsangebote: günstige, meist feste Zinssätze, angemessene Laufzeiten, vorzeitige Rückzahlbarkeit sowie anfangs tilgungsfreie Jahre.

Informieren Sie sich über die unterschiedlichen Fördermöglichkeiten bei der KfW-Mittelstandsbank. Unter www.kfw-mittelstandsbank.de im Internet oder telefonisch beim Beraterteam des Infocenter bundesweit zum Ortstarif unter Tel.: 0180 1 241124 (montags bis freitags von 7.30 bis 18.30 Uhr) oder per E-Mail: infocenter@kfw.de.

Für eine persönliche Finanzierungsberatung stehen Ihnen außerdem die Fachleute in den KfW-Beratungszentren Berlin, Bonn und Frankfurt am Main zur Verfügung. Die Experten kommen auch zu Ihnen in Ihre Region: in der Regel einmal monatlich zu rund 50 Standorten. Termine und Adressen der KfW-Beratungssprechtage finden Sie unter www.kfw-mittelstandsbank.de.

Private Kosten

Eine der wichtigsten Fragen überhaupt lautet: Wie viel Geld müssen Sie aufgrund welcher privaten Kosten pro Monat mit Ihrer Selbständigkeit verdienen? Ermitteln Sie akribisch die Zahlen für den Lebensunterhalt Ihrer Familie. Übersehen Sie keine Versicherung, weder den Jahresbeitrag für den Sportverein Ihrer Tochter noch das Budget für die Urlaubsreise oder Weihnachtsgeschenke. An dieser Stelle eine dringende Warnung: Verlassen Sie sich nicht auf das feste Einkommen Ihrer Partnerin oder Ihres Partners. Erstens kann es damit heute ziemlich schnell vorbei sein, zweitens mit der Partnerschaft auch ... Und vergessen Sie auch nicht, dass Sie sich unbedingt krankenversichern sollten und als Selbständiger künftig auch für Ihre Altersvorsorge komplett allein aufkommen müssen.

Mindestumsatz

Welchen Umsatz müssen Sie erzielen, um Ihre betrieblichen Kosten zu decken? Ein heikler Punkt, hier ist Vorsicht geboten. Oft setzen Unternehmer an dieser Stelle den Mindestumsatz nur für das erste Geschäftsjahr an. Vergessen wird dabei häufig der so genannte „Kapitaldienst" (Rückzahlung von Krediten). Hintergrund: Die meisten Gründungskredite sind heute zwei Jahre lang tilgungsfrei und müssen erst ab dem dritten Geschäftsjahr zurückgezahlt werden. Dabei fallen die mit der Bank für das geliehene Geld vereinbarten Zinszahlungen in der Regel jedoch schon im ersten Jahr an. Unser dringender Rat: Gehen Sie auf Nummer sicher. Sprechen Sie in der Vorbereitung Ihrer Finanzplanung den Steuerberater gezielt darauf an, wie Ihr Controlling Zinsen und Tilgung in Euro und Cent zu berücksichtigen hat.

Liquiditätsplanung

„Liquide sein" bedeutet, dass man als Selbständiger permanent „flüssig" ist. Also jederzeit in der Lage, seinen finanziellen Verpflichtungen nachzukommen. Diese Liquidität muss laufend überwacht werden. Denn was passiert zum Beispiel, wenn sich die Materialkosten (zum Beispiel durch Preisanstiege auf dem Rohstoffmarkt) um 15 Prozent erhöhen? Mit welchen Mitteln lässt sich auf einen überraschenden Umsatzrückgang (hervorgerufen zum Beispiel durch einen unvorhergesehenen Auftragsverlust) reagieren? Was tun Sie bei einem kompletten Zahlungsausfall (verschuldet durch die Insolvenz eines Kunden)? Tatsächlich ist die Grundlage der Liquiditätsplanung zwar meist die kalkulierte Reserve oder das Sparbuch der Oma, die großzügig versprochen hat, im Notfall einzuspringen. Ihren Banker überzeugt das allerdings weniger, als wenn Sie ihm schwarz auf weiß vor Augen führen können, dass Sie Monat für Monat mehr in der Kasse haben werden, als Sie zur Deckung der Kosten benötigen.

Rentabilitätsplanung

Das ist die Zielgerade Ihrer Finanzplanung. Denn jetzt stellen Sie dem zu erwartenden Umsatz die zu erwarteten Kosten gegenüber und rechnen, ob sich das Unternehmen für Sie lohnen wird („rentiert"). Haben Sie in Ihrer Eigenschaft als Controller in eigener Sache solide kalkuliert, dann gibt die Rentabilitätsplanung Aufschluss darüber, ob Ihre Existenzgründung unterm Summenstrich überhaupt Sinn hat.

Lieber einmal mehr gerechnet ...

Auch wenn Ihnen das vielleicht als bürokratische Zumutung vorkommen mag, hat eine gründliche Finanzplanung einen sehr guten Grund: Denn Fehler schon an dieser Stelle sind die mit Abstand häufigste Ursache für das Scheitern von jungen Firmen. Viele Gründer sind zwar in ihrem speziellen Fach absolute Experten, weisen aber oft betriebswirtschaftliche Defizite auf. Darum: Rechnen Sie lieber einmal zu viel als zu wenig. Es lohnt sich!

Sie wissen nun, wie wichtig es ist, die Bank oder Sparkasse mit einem gut durchgerechneten Finanzkonzept von Ihrer Geschäftsidee zu überzeugen. Glückwunsch, wenn Sie mit einem guten Gefühl aus diesem Gespräch gehen! Aber warten Sie erst die schriftliche Kreditzusage des Geldinstitutes ab, bevor Sie unternehmerisch aktiv werden, also umbauen, kaufen, bestellen oder Verträge abschließen. Denn einen Rechtsanspruch auf die Bewilligung Ihres Kreditantrages haben Sie nicht. Zusage oder Absage liegen allein im Ermessen der jeweiligen Bank. Wir jedenfalls drücken Ihnen den Daumen!

Was der selbständige Steuermann nie vernachlässigen darf: Seine Steuern

Wenn die Finanzierung steht, können Sie durchstarten. Aber Vorsicht: Häufig begehen Firmengründer den verhängnisvollen Fehler, alles auf dem Konto eingehende Geld als Belohnung für die eigene Arbeit anzusehen. Die Ernüchterung folgt auf dem Fuße. Spätestens dann nämlich, wenn Vater Staat das erste Mal im Laden vorbeischaut. Vater Staat bringt nämlich nichts mit, wenn er zu Besuch kommt. Im Gegenteil, er will selber etwas haben: seinen Anteil am Unternehmenserfolg in Form von Umsatz-, Einkommen- und Gewerbesteuer wie bereits in Kapitel 1 beschrieben. Darum muss ein selbständiger Steuermann vor allem an eines denken: seine Steuern.

Wie hoch die steuerlichen Wogen schlagen, ist von Fall zu Fall unterschiedlich. Sie hängen ganz maßgeblich von einem Faktor ab, dem Gewinn. Er ergibt sich schlicht aus dem Ergebnis von Betriebseinnahmen minus Betriebsausgaben.

Betriebseinnahmen sind dabei die Erlöse aus dem Verkauf Ihrer Produkte und Dienstleistungen sowie aus dem Verkauf von alten Maschinen oder Fahrzeugen. *Betriebsausgaben* sind alle Kosten, die mit dem Geschäftsbetrieb Ihres Unternehmens in Zusammenhang stehen. Zum Beispiel Kosten für Pacht oder Miete, Strom, Telefon, Firmenwagen, Kreditraten oder Werbemaßnahmen. Hinzu kommen alle das Unternehmen betreffende Anschaffungen wie Maschinen, Computer oder Druckerpapier. Unglaublich wichtig dabei: Für alle betrieblich bedingten Ausgaben müssen Sie stets Originalbelege vorweisen. Und mehr noch: Sämtliche Belege, sowohl die Eingangsrechnungen von Ihren Lieferanten als auch Ihre eigenen Ausgangsrechnungen an die Kunden, müssen den strengen Formvorschriften des Finanzamtes genügen, um steuerlich anerkannt zu werden!

Absolut wichtig: Ausschließlich beim Finanzamt registrierte Unternehmer dürfen die in den Eingangsrechnungen enthaltene Vorsteuer von ihrer auf ihre eigenen Rechnungsbeträge aufgeschlagenen Mehrwertsteuer abziehen (vgl. Kapitel 1). Arbeitnehmer dürfen das nicht, denn sie bekommen zusätzlich zu ihrem Gehalt ja auch keine Mehrwertsteuer. Und Unternehmer dürfen auch nur dann die Vorsteuer geltend machen (also von der erhaltenen Mehrwertsteuer abziehen), wenn die Aufwen-

Das darf auf Eingangs- und Ausgangsrechnungen nicht fehlen:

- Name und vollständige Anschrift des leistenden Unternehmers.
- Name und vollständige Anschrift des Leistungsempfängers.
- Das Ausstellungsdatum.
- Eine fortlaufende Rechnungsnummer. Jede Rechnungsnummer darf nur einmal verwendet werden.
- Genaue Bezeichnung des gelieferten Gegenstandes bzw. der erbrachten Leistung, Zeitpunkt der Lieferung, das Netto-Entgelt und der gesondert ausgewiesene Umsatzsteuerbetrag.
- Angabe der vom Finanzamt erteilten Steuernummer.
- Bei Umsätzen mit unterschiedlichen Steuersätzen müssen diese im Einzelnen aufgeschlüsselt werden.
- Kleinbetragsrechnungen bis zu 150 Euro müssen außer Rechnungsnummer und Name und Anschrift des Leistungsempfängers alle anderen Angaben enthalten.
- Rechnungskopien von Eingangs- und Ausgangsrechnungen müssen zehn Jahre lang aufbewahrt werden. Die Aufbewahrungsfrist beginnt mit dem Schluss des Kalenderjahres, in dem die Rechnung erstellt wurde.

dungen in unmittelbarem Zusammenhang mit dem Geschäftsbetrieb der Firma stehen. Steuern aus dem Einkauf wohl eher zum Privatvergnügen angeschaffter Dinge (etwa ein High-End-HiFi-Gerät für den heimischen Partykeller) sind vom Vorsteuerabzug natürlich ausgeschlossen.

Buchhaltung ist nicht sexy, aber wichtig

Mit der Berechnung der monatlich oder vierteljährlich an das Finanzamt abzuführenden oder vom Finanzamt zu erstattenden Umsatzsteuer fängt die Buchhaltung an. Ein leidiges Thema, wir wissen es. Denn als Unternehmer haben Sie nie Zeit. Schließlich müssen Sie sich um alles kümmern: um die Akquisition und Abwicklung von Aufträgen, um die Bestellung von benötigten Materialien, um Qualitätskontrolle, um Angebotskalkulation – und um die Buchhaltung. Das ist mehr als ein Vollzeitjob. Und wohl aus einem natürlichen Reflex heraus denken nicht wenige Unternehmer: „Erst einmal mache ich alles, womit ich

Geld verdiene.“ Was bedeutet: Man kümmert sich um alles, außer um die Buchhaltung. Die bleibt übrig für jene schmalen Zeitkorridore, „wo hoffentlich mal etwas Luft ist.“

Das ist zwar menschlich nachvollziehbar – aber unternehmerisch fatal. Denn „Luft“ ist eigentlich nie. Und eine erschreckende Statistik belegt: Die mit Abstand meisten Krisensituationen bei jungen Unternehmen werden durch einen schludrigen Umgang mit den Bereichen „Buchhaltung/Controlling“ verursacht. Ganz besonders tragisch wird ein Versagen im buchhalterischen Bereich immer dann, wenn zum Beispiel die Kreditvergabe von aktuellen Zahlen abhängig gemacht wird. Wer dann keine ordentliche, nachprüfbare Buchhaltung vorweisen kann, bekommt ein Problem.

Übernehmen Sie das Kommando über die Buchhaltung

Für die Buchhaltung ist der Chef selbst verantwortlich. Von diesem Grundsatz dürfen Sie niemals abgehen. Zwar ist es richtig, dass Sie mit dem Knicken, Lochen und Heften von Belegen kein Geld für Ihr Unternehmen verdienen. Doch sehen Sie es doch einfach mal von der anderen Seite: Eine gewissenhaft geführte Buchhaltung hilft garantiert, dass Sie Ihre mühsam verdienten Euro nicht wieder verlieren. Schon ein klein wenig Ordnung sorgt dafür, stets einen guten Überblick über Einnahmen und Ausgaben, über Steuertermine und Kontostände zu gewährleisten. Mehr muss am Anfang auch gar nicht sein. Wozu haben Sie schließlich Ihren Steuerberater? Aber der ist von der Qualität Ihrer Vorarbeit abhängig.

Egal, ob Sie selbst „die Bücher führen“ oder Ihre Frau, Ihr Lebensgefährte, der Neffe oder Ihre 18-jährige Tochter (eine speziell hierfür eingestellte Fachkraft lohnt sich erst, wenn sich Ihre Firma etabliert hat und wirtschaftlich solide auf eigenen Füßen steht): Lassen Sie sich vom Steuerberater genau erklären, welche Unterlagen er wie aufbereitet wann von Ihnen haben möchte. Er wird sie anschließend auswerten und mit Ihnen durchsprechen. Vielleicht liefert er Ihnen sogar Vergleichszahlen aus der Branche, damit Sie sehen, ob Sie besser oder schlechter gewirtschaftet haben als die Kollegen. Das soll Sie nicht ärgern, sondern den Controller in Ihnen anspornen: „Was – bei den Reisekosten liege ich so weit über Durchschnitt?! Das wird sich schleunigst ändern.“

Bei unserem Appell für eine ordentliche Buchführung handelt es sich übrigens nicht nur um einen gut gemeinten Rat. Vielmehr schreibt der Gesetzgeber in Paragraf 238 des Handelsgesetzbuches (HGB) jedem Selbständigen die Buchführungspflicht ins Stammbuch der Unternehmensführung. Wörtlich heißt es da:

„Jeder Kaufmann (Anmerkung: auch als Handwerksunternehmer ist man Kaufmann!) ist verpflichtet, Bücher zu führen und in diesen seine Handelsgeschäfte und die Lage seines Vermögens nach den Grundsätzen ordnungsmäßiger Buchführung ersichtlich zu machen. Die Buchführung muss so beschaffen sein, dass sie einem sachverständigen Dritten innerhalb angemessener Zeit einen Überblick über die Geschäftsvorfälle und über die Lage des Unternehmens vermitteln kann. Die Geschäftsvorfälle müssen sich in ihrer Entstehung und Abwicklung verfolgen lassen."

Buchhaltung ist also eine Pflicht. Und das aus gutem Grund: Sie soll in Form systematischer Dokumentation jederzeit die wirtschaftliche Beurteilung eines Betriebes ermöglichen. Natürlich den Finanzbehörden. Doch vor allem auch dem Unternehmer selbst. Dabei schreiben die gesetzlichen Bestimmungen – außer einer strikten Absage an jedwede Form der Schmierzettelwirtschaft – kein bestimmtes Buchführungsverfahren vor. Allerdings hat sich für überschaubare Betriebsgrößen ein ganz simples Prozedere mit vier Aktenordnern bewährt.

Das Prinzip „Vier gewinnt"

Ordner 1

Hier sammeln Sie alle Ausgangsrechnungen. Das sind alle Rechnungen, die Sie für Ihre erbrachten Leistungen an Ihre Kunden schicken.

Ordner 2

Hier sammeln Sie alle Eingangsrechnungen, die Ihnen von Dritten für deren erbrachten Leistungen geschickt worden sind.

Ordner 3

Hier sammeln Sie alle so genannten „Kassenbelege", also Quittungen für bar bezahlte Ausgaben wie etwa Parkscheine, Tintenpatronen oder Druckerpapier.

Ordner 4

Darin sammeln Sie in chronologischer Reihenfolge alle Kontoauszüge, anhand derer Sie Zahlungseingänge sowie Zahlungsausgänge kontrollieren und diese dem Finanzamt später belegen.

Fertig ist die Buchhaltung. „Ach. So einfach ist das?" Im Grunde ja. Doch glauben Sie trotzdem nicht, Buchhaltung könne man mal eben lässig nebenbei erledigen. Erfahrungen zeigen: Nach einem langen, anstrengenden Arbeitstag als Selbständiger suchen Sie zwischen 20 und 21 Uhr vielleicht gerade noch den Feierabend, aber bestimmt keine Belege mehr. Für den „Papierkram" gilt das Gleiche wie für Ihre handwerklichen Leistungen im Kundenauftrag: absolute Sorgfalt! Und seien Sie sicher: Die ordentliche, regelmäßige Ablage von Quittungen und Belegen erspart nicht nur mühseliges Suchen, sondern vermindert auch die Gefahr, womöglich wichtige Steuerfristen zu übersehen. Ein wichtiger Punkt. Denn in diesen Dingen versteht Vater Staat überhaupt gar keinen Spaß.

„Na, wie war ich denn so?" – Der Jahresabschluss

Einmal im Jahr kommt der Tag der Abrechnung: Ihr Gewinn wird ermittelt. Oder aber Ihr Verlust. Sicher haben Sie schon einmal etwas von „Bilanzen" gehört. Doch die sind in der Regel eher für größere Unternehmen interessant. Für kleinere Betriebe reicht normalerweise die so genannte Einnahme-Überschuss-Rechnung. Aber wenigstens die schreibt der Gesetzgeber allen Kaufleuten am Ende eines Geschäftsjahres zwingend vor.

Die Einnahme-Überschuss-Rechnung (EÜR)

Was sich kompliziert anhört, ist in Wahrheit ganz einfach: Von Ihrem erzielten Umsatz in einem Jahr werden Ihre Betriebsausgaben desselben Zeitraums abgezogen. Ist der Ertrag größer als der Aufwand, ist das gut. Sie haben einen Gewinn erzielt. Ist jedoch der Aufwand größer als der Ertrag, dann sollten spätestens jetzt die Alarmglocken läuten. Sie haben nämlich mit Verlust gewirtschaftet. Einfacher und für alle Seiten transparenter geht's eigentlich nicht. Allerdings hat dieses System seine Grenzen, genauer: seine Grenzwerte.

So ist das EÜR-Verfahren ausschließlich für Freiberufler (zum Beispiel Ärzte, Anwälte, Künstler) und Kleingewerbetreibende konzipiert. Angenommen, sie haben sich mit einem Handwerksbetrieb selbständig gemacht, dann sind Sie ein solcher Kleingewerbetreibender und können von der Einfachheit der Einnahme-Überschuss-Rechnung profitieren. Solange jedenfalls, wie Sie mit Ihrem Gewerbe nicht mehr als 500.000 Euro Umsatz im Jahr erzielen.

Die Bilanz

Natürlich ist es schön, wenn Sie mit Ihrem Unternehmensergebnis über diesen Grenzwerten liegen. Doch dann sind Sie als Kleingewerbetreibender automatisch zur so genannten „Bilanzbuchführung" verpflichtet. Das heißt: Die Gewinnermittlung am Ende eines Jahres wird etwas aufwändiger. Spätestens jetzt sollten Sie einen Steuerberater heranziehen und mit der Anfertigung Ihrer Bilanz beauftragen. Vereinfacht gesagt ist die Bilanz eine Gegenüberstellung von Vermögen und Schulden Ihres Unternehmens. Die Aufstellung erfolgt nach genau definierten, rechtlichen Grundsätzen. Sie dient in erster Linie dazu, denjenigen, denen Ihr Unternehmen etwas schuldet (also meist der Bank), über die Situation der Firma zu informieren.

Die Bilanz ist dabei so etwas wie die „kaufmännische Visitenkarte" Ihres Betriebes. Und so wie eine übliche Visitenkarte aus Papier hat auch eine Bilanz zwei Seiten. Sehr vereinfacht zeigen sie Folgendes: Die Aktivseite (immer links) enthält alles Vermögen des Unternehmens, also alle Gegenstände, die Ihnen gehören. Die Passivseite (immer rechts) hingegen zeigt, wie das alles finanziert wurde, also entweder mit Eigen- oder mit Fremdkapital. Zum Vergleich stellt man in der Bilanz beide Seiten gegenüber. Dabei sollten rechts und links jeweils die gleichen Endbeträge stehen. Ist ja auch logisch, denn irgendwie müssen Sie das, was Ihrer Firma laut Bilanz gehört, schließlich auch finanziert haben, oder?

Eine Warnung:

Spätestens bei der Bilanz fällt zunächst Ihrem Steuerberater und später vermutlich auch dem Finanzamt auf, wenn Sie, sagen wir: nicht ganz im Sinne eines ordentlichen Kaufmannes gewirtschaftet haben. Schwarzgelder, Waren vom Lastwagen gefallen, Sie verstehen? Zugegeben: Experten können Bilanzen „schönen". Aber sauber werden sie dadurch nicht. Und Sie riskieren dabei alles, denn Sie allein stehen als Unternehmer in der Verantwortung!

Keine Chance für die Krise

Wege in die Krise beginnen in der Regel recht unscheinbar. Erste Warnzeichen werden oft so lange ignoriert, bis aus kleinen Problemchen große Probleme geworden sind.

Doch solche Entwicklungen müssen nicht sein. Schon im Vorfeld lassen sich Systeme aufstellen, die – regelmäßig kontrolliert – rechtzeitig warnen und Zeit zum Gegensteuern geben. Hierzu gehört neben einer geordneten Buchhaltung und rascher Rechnungsstellung sowie flotter Forderungseintreibung vor allem auch der Mut, manchen – nur scheinbar verlockenden – Auftrag einfach mal abzulehnen. Insbesondere bei vermeintlich lukrativen Großaufträgen der Öffentlichen Hand sollte für kleine und mittlere Unternehmen Vorsicht geboten sein. Denn die Erfahrung zeigt: Oft halten gerade Kleinunternehmen solche Megaprojekte wegen zahlreicher Unvorhersehbarkeiten wirtschaftlich gar nicht durch. Ein weiteres Problem ist darüber hinaus die immer wieder zu beobachtende Abhängigkeit von nur einem einzigen Produkt oder von nur einem einzigen Großkunden.

Wie Sie Krisen im eigenen Unternehmen vorbeugen können

1. Früherkennung installieren.

Nehmen Sie sich jeden Tag etwas Zeit, um über die wesentlichen Entwicklungen im eigenen Unternehmen (Wettbewerb) nachzudenken.

2. Bedrohungen identifizieren.

Finden Sie heraus, in welchen Bereichen Ihres Unternehmens es womöglich bedrohliche Entwicklungen geben könnte (intern und extern).

3. Gefährdungen verdeutlichen.

Schaffen Sie sich verlässliche Geschäftsbarometer. Hierfür reichen schon wenige Anzeigeinstrumente. So etwa die Bereiche „Umsatz", „Preisentwicklung", Lagerbestände".

4. Toleranzen festlegen.

Definieren Sie in den zur Beobachtung ausgewählten Bereichen um einen fixen Wert herum so genannte Toleranzen. Bleiben unternehmerische Veränderungen innerhalb dieser Puffer, ist noch alles in Ordnung, sollte jedoch schärfer beobachtet werden. Werden Ihre Toleranzwerte allerdings überschritten, ist sofortiges Handeln angesagt.

5. Maßnahmen planen.

Machen Sie sich nicht erst im akuten Krisenfall Gedanken über Gegenmaßnahmen. Legen Sie sich bereits in guten Tagen eine Rahmenstrategie für schlechteres Wetter zurecht. Ihr Steuerberater hilft Ihnen dabei.

6. Banker informieren.

Einmal angenommen, Sie befinden sich mit Ihrem Unternehmen in einer finanziellen Krise. Gut beraten sind Sie dann, selber auf den Ansprechpartner Ihrer Bank zuzugehen und ihm Ihre aktuelle Situation sowie Ihre Gegenstrategie zu erläutern. Das ist aktiv, zeugt von Realitätssinn und Verantwortungsgefühl.

Verstehen Sie „Früherkennung im Unternehmen" genauso, als ob es um Ihre körperliche Gesundheit geht. Auch hier empfehlen Ärzte und Krankenversicherer den regelmäßigen Check-up. Um nichts anderes geht es für Ihr Unternehmen. Selbst die übelsten Krankheiten sind meist noch zu kurieren, wenn sie nur rechtzeitig erkannt und richtig behandelt werden. Und genauso, wie der erfahrene Mediziner seine Möglichkeiten, seine Routine zur Überprüfung des Gesundheitszustandes hat, hat auch der Controller die Möglichkeit, an einfachen Kennziffern zu erkennen, ob alles im grünen Bereich liegt – oder ob sich an der ein oder anderen Stelle Handlungsbedarf ankündigt.

Schulzes Tagebuch: „Vermuten" ist nicht „rechnen"

Termin mit Steuerberater Scheitel zur Besprechung des Jahresabschlusses. Installateurmeister Fred Schulze hat ein gutes Gefühl. Seine Rechnung ist einfach: „Ordentliche Arbeit bringt ordentliches Geld." Stimmt auch. Jedenfalls in der Theorie – und solange man sich im Bruttobereich bewegt, also nicht an die Steuern denkt. Soweit sieht es auch ganz gut aus. Schulzes Firma hat in den vergangenen zwölf Monaten einen schönen Umsatz eingefahren. Doch jetzt lässt Scheitel eine Bombe platzen: Vom Betriebsergebnis sind demnächst saftige Steuern fällig. Erstmals auch Rückzahlungen für Schulzes Gründungskredite, mit denen er das Unternehmen vor drei Jahren vom alten Paul Meier kaufte und modernisierte. Der auf den ersten Blick so schöne Gewinn schmilzt zusammen. Schulze ist enttäuscht: „Da hatte ich aber mit mehr gerechnet."

Nur, „gerechnet" hatte Schulze eigentlich gar nicht. Er hat lediglich „vermutet". Hätte er gerechnet, dann wäre er schon früher zum gleichen Ergebnis gekommen wie Steuerberater Scheitel. Denn nach Abzug aller Steuern, Tilgungen und Abgaben blieb von der Arbeit des letzten Jahres kaum ein nennenswerter Gewinn übrig. Und dieser beklagenswert kleine Rest wird schon für die demnächst fällige betriebliche Heizölrechnung draufgehen. Außerdem hat das Finanzamt ausgerechnet jetzt die Einkommenssteuervorauszahlungen erhöht. Schulze ist entsetzt. „Ich hab' das ganze Jahr gebuckelt, war nicht mal im Urlaub. Wie kann das sein?"

Gemeinsam mit seinem Steuerberater geht er die einzelnen Positionen der Einnahme-Überschuss-Rechnung durch. Erstmals wird ihm dabei in aller Deutlichkeit klar, wie viel Geld er im vergangenen Jahr für Werbung und Kundenbewirtung ausgegebenen hat, wie hoch die Spritkosten seiner Fahrzeuge sind ... und was er an Steuerberater Scheitel gezahlt hat. „Geht's nicht auch was billiger?“, wendet er sich ziemlich barsch an den vermeintlichen Verursacher. Der gibt lässig zurück. „Klar geht das. Zum Beispiel wenn Sie Ihre Buchhaltungsunterlagen besser vorbereiten würden. Fast die Hälfte der Kosten geht in Ihrem Fall nämlich fürs Sortieren der Belege drauf. Das könnten Sie nach dem Prinzip „Vier gewinnt“ problemlos selber machen. Darauf habe ich Sie schon oft hingewiesen.“ Und erklärt weiter: „Mit der Buchhaltung ist das so wie auf der Baustelle: Schludern Sie bei den Vorarbeiten, müssen Sie hinterher dafür bezahlen.“

Das Gespräch kommt auf Schulzes Pläne für das nächste Geschäftsjahr. Im Mittelpunkt dabei: der dicke Auftrag für die Sanierung des großen städtischen Schulzentrums. „Das wäre wie ein Sechser im Lotto“, seufzt er sehnsüchtig. Allerdings hat Steuerberater Scheitel ernste Bedenken – und Schulze langsam die Nase voll. „Warum soll ich mir so 'nen dicken Auftrag durch die Lappen gehen lassen?“ Doch Scheitel lässt nicht locker: „So attraktiv ist der Auftrag gar nicht. Im Gegenteil: Für Sie ist er im Augenblick zu groß.“ Schulze blickt ungläubig auf: „Wie kann ein Auftrag zu groß und gleichzeitig nicht lukrativ sein?“ Sein Steuerberater bleibt unbeirrt: „Haben Sie nicht von der Elektro-Klingel-Pleite gehört? Genauer gesagt, warum die Konkurs gegangen sind?“ *(Fortsetzung nach Kapitel 3)*

3 Auftrag ausgeführt
Controlling checkt, zu welchem Preis

- Vom Ziel zum Budget
- Kennzahlen: Erfolg auf den Punkt gebracht

Vom Ziel zum Budget

Auch im Unternehmeralltag gilt: Nur wer Ziele hat, kann Ziele erreichen. Natürlich möchte jeder so viel verdienen wie möglich. Aber es gibt auch andere Peilmarken. Etwa, in einem bestimmten Marktsegment die Nummer 1 zu werden. Oder einen Filialbetrieb in einer anderen Stadt zu eröffnen. Oder den Gründungskredit von Sparkasse oder Großmutter möglichst schnell zurückzahlen und schuldenfrei werden. All dies sind legale, legitime und überaus löbliche Ziele. Nur: Wie kommt man dorthin?

Wenn Sie ein Ziel festlegen, müssen Sie gleichzeitig darüber entscheiden, wann und mit welchen Mitteln Sie dieses Ziel erreichen wollen. Auf mehrere Jahre gerichtete Überlegungen nennt man „Strategische Planung", über zwölf Monate hinweg gesehen „Jahresplanung" – oder im Controlling-Deutsch: Budgetierung. Auf den Punkt gebracht bedeutet das nichts anderes als Mitteleinsatz zur Zielerreichung.

Ein Ziel steht auf drei Beinen:

1. Inhalt:

Worum geht es? Umsatzsteigerung? Kostensenkung? Gewinnerhöhung? Bessere Produktqualität? Qualifizierte Mitarbeiterweiterbildung?

2. Ausmaß:

Um wie viel genau sollen Umsatz oder Gewinn gesteigert, die Kosten gesenkt oder die Produktqualität erhöht werden?

3. Zeit:

In welchem Zeitraum soll das definierte Ziel erreicht werden: In einer Woche? In einem Monat? In einem Jahr? In fünf Jahren?

Normalerweise verfolgen Unternehmen stets mehrere Ziele zur gleichen Zeit. Langfristig etwa die Rückführung des Fremdkapitals, mittelfristig eine Gewinnsteigerung um fünf Prozent bei kurzfristiger Senkung der Marketingkosten um ein Viertel. Leider stehen die Einzelziele zuweilen im Widerspruch zueinander, und dann droht die Gefahr, keine der gesteckten Wegmarken zu erreichen. Legen Sie deshalb zunächst fest, welches Ziel Ihnen am wichtigsten ist. Danach erst geht es an die Stellschrauben, die zur Zielerreichung gedreht werden müssen.

Was das alles kostet ...

Im Unternehmeralltag ist die Erreichung betrieblicher Ziele mit Kosten verbunden. Möchten Sie Ihre Firma bei den Kunden bekannter machen, müssen Sie Ihre Werbeausgaben erhöhen. Haben Sie sich vorgenommen, ein neues, innovatives Produkt zu entwickeln, müssen Sie Zeit investieren und in der Folge womöglich Rohstoffe für Musteranfertigungen einkaufen. Egal, was Sie in Ihrer Zielerreichungsabsicht auch tun: Sie treten finanziell erst einmal in Vorleistung. Dabei ist vor allem eines wichtig: Dass Sie selber wissen, in welchem Umfang Sie dies tun. Auf den Punkt: Sie müssen Ihre Kosten kennen. Und Ihre Überlegungen, wie viel Geld Sie für welchen betrieblichen Zweck welchem Unternehmensbereich zur Verfügung stellen, nennt man Budgetierung.

Festgesetzte Budgets bewahren Sie vor bösen Überraschungen, weil sie Ihren Aktivitäten einen präzisen finanziellen Rahmen verpassen. Allerdings ist es dafür erforderlich, dass Sie sich auch an die definierten Grenzen halten und Ihre Budgets nicht überziehen. Denken Sie daran: Große Unternehmen mit viel Eigenkapital oder auch die Öffentliche Hand mögen sich einen großzügigen Umgang mit ihren Budgets leisten können. Ein kleiner Handwerksbetrieb, ein Makler oder ein Ein-Frau-Schreibbüro kann das nicht!

Budgets orientieren sich strikt an den finanziellen Möglichkeiten Ihrer Firma. Aufgestellt im Rahmen einer Jahresplanung, gründen sie auf dem genauen Wissen, wie viel Gewinn im letzten Jahr erzielt worden ist – und wie viel davon im nächsten Jahr beispielsweise in eine ausgefeilte Werbekampagne investiert werden kann.

Um die Kosten für ein Budget zu bestimmen, braucht man eigentlich nur drei Angaben: die **Kostenart** (zum Beispiel: Werbebroschüren), die benötigte **Menge** (wie viele Exemplare) und den zugehörigen **Preis** (im Fall der Werbebroschüren: die Kosten für Designer, Druck und Verteilung). Mengen werden in Stückzahlen, Tonnen, laufende (Kubik-, Quadrat-)Meter, Kilogramm, Liter oder Kilowattstunden ausgedrückt. Bei Maschinenlaufzeiten rechnet man mit Stundensätzen (Kosten der Maschinenlaufzeit pro Stunde). Die Personalkosten ergeben sich aus dem vereinbarten Stundenlohn oder dem Monatsgehalt zuzüglich der Lohnnebenkosten. Die Gesamtkosten einer bestimmten Kostenart ergeben sich durch die Multiplikation der in einem bestimmten Zeitraum verbrauchten Mengen mit den dazugehörigen Preisen oder Stundensätzen:

Menge x Preis je Einheit = Gesamtkosten

Ausnahmen gelten dabei für große Produktionsanlagen oder Gebäude. Da sie zumeist über viele Jahre genutzt werden, darf der Preis zum Zeitpunkt des Kaufes nicht in voller Höhe als Kostenblock angesetzt werden, sondern nur zum Teil. Hintergrund ist die so genannte Abschreibung für Abnutzung, kurz Afa. Das bedeutet: Die Gesamtkosten werden gleichmäßig über die angenommene Nutzungszeit verteilt.

Beispiel:

Eine neue Maschine kostet netto 12.000 Euro und kann zehn Jahre lang im Betrieb genutzt werden. Bei einer gleichmäßigen Abschreibung entfallen damit auf jedes Jahr der Nutzungszeit Kosten in Höhe von 12.000 Euro geteilt durch 10 Jahre = 1.200 Euro.

Feste Kosten, bewegliche Kosten – und gemeine Kosten

Ganz grob lassen sich Kosten in zwei Paare gliedern: Einzelkosten und Gemeinkosten sowie Fixkosten und variable Kosten.

Einzelkosten

Kosten, die einzig und allein unzweifelhaft einem bestimmten Produkt oder einer bestimmten Dienstleistung zugerechnet werden können, nennt man Einzelkosten oder auch direkte Kosten. Anders ausgedrückt: Ohne ein bestimmtes von Ihnen hergestelltes Produkt oder die von Ihnen durchgeführte Leistung wären diese Kosten gar nicht erst entstanden. Hierunter fällt zum Beispiel der Einkauf von Rohstoffen für die Herstellung oder der Zeiteinsatz für die im Kundenauftrag vorgenommene Planung eines Badezimmerumbaus.

Gemeinkosten

Von Gemeinkosten (mehr darüber auf Seite 120) ist die Rede, wenn ein bestimmter Kostenblock von mehreren unterschiedlichen Produkten oder Dienstleistungen Ihrer Firma verursacht werden. Von Gemeinkosten spricht man auch, wenn bestimmte Ausgaben sogar allen produzierten Leistungen Ihres Betriebes zuzuordnen sind. Hierunter fallen bei einem Installateurunternehmen etwa die Kosten für Heizung, Strom und Wasser, für das gesamte Büromaterial sowie die Löhne und Gehälter – dann jedenfalls, wenn man davon ausgeht, dass Ihre Mitarbeiter in Betrieb und Verwaltung mehr oder weniger gleichmäßig für alle Kunden arbeiten.

Fixkosten

Fixkosten sind auf der einen Seite sehr sympathische Kosten, denn sie sind immer gleich (= fix). Völlig unabhängig davon, ob Sie zum Beispiel zehn Badezimmer fliesen oder nur fünf: Die Höhe Ihrer Krankenversicherungsprämie oder Ihrer Lagermiete bleibt davon unberührt. Das macht Fixkosten gut planbar. Auf der anderen Seite sind Fixkosten aber auch sehr unsympathische Kosten, denn Sie fallen auch dann an, wenn Sie gar kein Badezimmer fliesen, also keine Einnahmen haben. Abschreckende Beispiele dafür sind die Leasingraten für Ihren Firmenwagen, die Kosten Ihrer tollen (und deshalb auch teueren) Computeranlage und im strengen Sinne (Kündigungsfristen!) auch die Löhne und Gehälter Ihrer Mitarbeiter.

Variable Kosten

Von variablen Kosten sprechen wir Controller, wenn betriebliche Ausgaben von der Auftragslage abhängig sind und sich bedarfsbezogen mal höher und mal niedriger gestalten können. So orientiert sich etwa der Verbrauch von Zement bei einem Maurermeister ganz klar am Volumen der Kundenaufträge. Auch die Werbeausgaben können – zum Beispiel im Rahmen der Beteiligung an einer lokalen Gewerbemesse – in einer Phase etwas mehr ins Gewicht fallen, dafür aber im Laufe des übrigen Jahres wieder deutlich niedriger sein. Ebenso variabel sind die Kosten für Tinte und Papier des Bürodruckers und für den Treibstoff des Firmenfahrzeugs.

Praxisbeispiel Kostenarten

Auf Ihrem Betriebshof wird gerade eine neue Fuhre Badezimmerkeramik angeliefert. Alle Teile müssen bei Ihnen bis zur Verwendung zwischengelagert werden. Der Geselle räumt die Ware ins Lager, und Ihre mit der Verwaltung betraute Ehefrau kopiert die Frachtpapiere, während Sie selber die Ware einer Qualitätsstichprobe unterziehen. Ein ganz alltäglicher Sachverhalt. Aber schon hier entdecken wir eine Menge unterschiedlicher Kostenarten:

Löhne und Gehälter: Zeitlohn des Gesellen, Gehalt Ihrer Frau, Ihr Gehalt.
Maschinenkosten: Abnutzung des Hubwagens, mit dem der Geselle die Ware ins Lager fährt.
Miete: Für das Lager und für das Büro, in dem die Frachtpapiere kopiert werden.
Rohstoffkosten: Beschaffungskosten für die Badezimmerkeramik.
Büromaterial: Fotokopierpapier, der Kugelschreiber, mit dem Sie die Qualität abhaken.
Fixe Kosten: Leasingrate Hubwagen.
Variable Kosten: Die Badezimmerkeramik für den Kunden.
Gemeinkosten: Miete, Büromaterial, Maschinenkosten für den Hubwagen.

Als Einzelkosten gelten hier allein die Rohstoffkosten für die Keramikartikel. Alle anderen Kostenarten sind Gemeinkosten, da sie theoretisch auch noch durch andere Aktivitäten des Unternehmens beansprucht werden können.

Sperren Sie Ihre Kosten in Schubladen und Schränke

Budgetierung bedeutet: Planung und Umgang mit zu erwartenden Kosten. Und hiervon gibt es eine ganze Menge, zum Beispiel für Personal, Material, Mieten, Energie, Instandhaltung, Abschreibung oder Büro. Hat sich etwa Metzger Müller in den Kopf gesetzt, die leckerste Blutwurst der Stadt zu produzieren, muss er wissen, auf welche Temperatur seine Kühlkapazitäten eingestellt sein müssen, damit die Ware ihre optimale Frische behält, wie seine Maschinen eingestellt sein müssen, um die Herstellung so effizient wie möglich durchzuführen. All diese Dinge wirken sich sowohl auf den Stromverbrauch (Kühlhaus) als auch auf das einzuteilende Personal (Arbeitszeit pro Blutwursteinheit) aus.

All diese vielen kleinen Kosten gilt es zu budgetieren. Bei diesem Unterfangen ist ein guter Überblick ziemlich hilfreich. Darum empfehlen wir die in der Praxis bewährte Einrichtung so genannter „Kostenschränke" und zugehöriger „Kostenschubladen". Dabei steht der Schrank immer für eine bestimmte Kostengruppe, die Schublade immer für eine bestimmte Kostenart innerhalb dieser Kostengruppe. Zum Beispiel:

Kostenschrank:	*Materialkosten*	oder	*Personalkosten*
Schublade 1:	Rohstoffkosten		Zeitlohn
Schublade 2:	Betriebsstoffkosten		Akkordlohn
Schublade 3:	Hilfsstoffkosten		Gehälter

Das Prinzip ist im Grunde sehr einfach: Alle anfallenden Kosten werden einer ganz bestimmten Kostengruppe zugeordnet. Ziel ist es, dass jeder Ausgaben-Cent im Unternehmen seine eigene Schublade findet (Materialkosten, Personalkosten, Werbekosten, Fahrzeugkosten, Gebäudekosten etc.). Ist dies nicht mehr möglich, weil eine neue Kostenart Einzug in Ihr Controlling hält, die keiner bereits existierenden Kostengruppe zugeordnet werden kann, dann müssen Sie hierfür einen neuen Kostenschrank zimmern. Sollten Sie dabei unsicher sein, kein Problem: Nutzen Sie hierfür das fachliche Know-how Ihres Steuerberaters.

Der formvollendete Budgetplan

In Ihrem Budgetplan legen Sie nun fest, in welchen Bereichen welche Kosten wie hoch sein dürfen, um welche Ziele zu erreichen. Das ist dann auch schon das ganze Geheimnis der Budgetierung. Man unterscheidet dann nur noch zwischen strategischer (langfristig – fünf bis zehn Jahre), taktischer (mittelfristig – drei bis fünf Jahre) und operativer (kurzfristig – ein bis drei Jahre) Budgetierung.

Ihr Budgetplan muss folgende Punkte zwingend erfüllen:

Die Budgets müssen klar umrissen sein!
Schreiben Sie genau auf, zu welchem Zweck Sie welche Mittel bereitstellen.

Die Ergebnisse müssen messbar sein!
Definieren Sie alle Ziele so, dass Sie am Ende eines Geschäftsjahres in der Lage sind, Aufwand und Ertrag miteinander zu vergleichen.

Die Budgetierung muss beeinflussbar bleiben!
Legen Sie Ihre Budgets so fest, dass auch Umschichtungen etwa vom Werbebudget zum Personalbudget möglich sind. Das ist dann sinnvoll, wenn ein lukrativer Auftrag nur durch die (vielleicht auch nur zeitweise) Hinzuziehung eines weiteren Mitarbeiters zu bewerkstelligen ist (vgl. Kapitel 5). In diesem Fall ist es wichtiger, bereits erteilte Aufträge professionell zu bedienen, als sich per Werbung um künftige Aufträge zu bemühen.

Die Budgetierung muss ehrgeizig, aber trotzdem realistisch sein!
Die Kunst eines Budgets ist es, mit einem gegebenen Mitteleinsatz (Ihr Betriebskapital) das Maximum an Leistung herauszuholen. Werden Sie dabei aber nicht zu optimistisch oder gar euphorisch. Diskutieren Sie Ihre Budgets ruhig mit dem Steuerberater oder einem Unternehmerfreund.

Die Budgets dürfen nicht zu eng sein!
Wichtig ist es, dass Ihnen die Budgets Handlungsspielraum lassen. Sollte sich etwa im Laufe des Jahres unverhofft eine interessante Geschäftsmöglichkeit bieten, dann sollten Sie stets in der Lage sein, hierauf zu reagieren. Planen Sie deshalb stets eine „operative Reserve“ ein.

Die Budgetierung zwingt zum regelmäßigen Kassensturz

Budgetierung ist Ihr Wachhund oder, um im Bild des Kapitäns zu bleiben, Ihr Mann ganz oben auf dem Ausguck. Sie hilft Ihnen dabei, die definierten Ziele und Kosten im Blick zu behalten. Denn das geschieht leider nicht automatisch: Kosten haben die tückische Tendenz, „aus dem Budget zu laufen“. Werfen Sie regelmäßig einen Blick darauf, wie weit Sie sich in einem bestimmten Projekt befinden und inwieweit die dafür bereit gestellten Budgetmittel bereits ausgeschöpft worden sind.

Haben Sie für die kalkulierte Wegstrecke weniger Geld benötigt als ursprünglich gedacht? Herzlichen Glückwunsch, bis hier hin haben Sie gut gewirtschaftet. Oder geht Ihr Budget vielleicht schon zur Neige, ohne dass Sie messbare Erfolge erkennen können? Dann nichts wie ran an die schonungslose Analyse, Schwachstellen identifizieren und das Steuerrad wieder in die richtige Richtung drehen.

Budgetierung und Kostenbewusstsein als Marketing-Instrument zur Kundenbindung

Eine klare Budgetierung gibt Ihnen im unternehmerischen Alltag eine sehr gute Orientierung. Aber nicht nur Ihnen, sondern auch Ihren Kunden! Denn nur dann, wenn Sie selbst die Kostenstrukturen in Ihrem Unternehmen genau kennen, wenn Sie perfekt wissen, in welchen finanziellen Rahmenbedingungen Sie sich am Markt bewegen können, sind Sie in der Lage, Ihren Kunden maßgeschneiderte Angebote zu unterbreiten.

Ihre Kunden wissen es nämlich sehr zu schätzen, wenn Sie sich auf Ihre Offerten verlassen können. Wenn Ihre Rechnungen am Ende eines Auftrages auch tatsächlich dem ursprünglichen Angebot entsprechen. Das klingt selbstverständlich, ist es aber nicht. Denn insbesondere viele Handwerksbetriebe kalkulieren eben nicht nach festen Budgets, sondern großzügig „über den Daumen“. Dabei muss es dann am Ende zwangsläufig zu Ungenauigkeiten kommen. Mit einer stimmigen Budgetierung gehen Sie dieser unappetitlichen Situation aus dem Weg. Und wenn Ihre Kunden merken, dass sie sich auf Ihre Zahlen verlassen können, wird ein erster Auftrag sicher nicht der letzte Auftrag sein.

Kennzahlen: Erfolg auf den Punkt gebracht

Als Unternehmer müssen Sie wissen: Ihre Gesundheit ist Ihr wichtigstes Kapital. Wer soll schließlich die Geschäfte führen, wer soll die fachliche Qualität der Arbeit garantieren, wenn nicht Sie? Aus diesem Grunde gehen Sie hoffentlich regelmäßig einmal im Jahr zum ärztlichen Checkup, um Blutdruck, Cholesterinwert und Herzfunktion überprüfen zu lassen. Wir hoffen, Sie sind kerngesund. Denn dann ist die Voraussetzung gegeben, nun selber einmal in die Rolle des Gesundheits-TÜV zu schlüpfen – nämlich in Ihrem eigenen Unternehmen. Das ist kein Scherz: Als Chef Ihres eigenen Betriebes muss es Ihnen am Herzen liegen, dass auch der Gesundheitszustand Ihrer Firma stets im grünen Bereich liegt. Und ist dies einmal nicht der Fall, dann ist es Ihre Aufgabe, dem Unternehmen nach ausführlicher Diagnostik die geeignete Gesundungstherapie zu verpassen.

Wichtige Erkenntnisse liefern Ihnen im übertragenen Sinne die Blutwerte Ihres Betriebes: die kaufmännischen Kennzahlen. Die zeigen an, wo es im Hause rund läuft und wo sich vielleicht ein grippaler Infekt oder – schlimmer noch – ein chronisches Gebrechen anzubahnen beginnt.

Natürlich wissen wir: Allein der Begriff „Kennzahl" bereitet dem ein oder der anderen schon beim bloßen Lesen Kopfweh. Doch lassen Sie die Aspirin im Schrank und die Panik ganz weit weg. Hinter einer Kennzahl verbirgt sich in der Regel nichts anderes als die Kombination von bereits aus der Einnahme-Überschuss-Rechnung bekannten Größen (Umsatz, Gewinn, Verlust, Stückkosten u.a.). Diese Ziffern werden in eine betriebswirtschaftliche Kennzahl verwandelt, indem man sie nach sehr einfachen Formeln miteinander multipliziert oder dividiert oder addiert oder subtrahiert – und fertig ist die jeweils gesuchte Kennzahl. Alles, was Sie hierfür brauchen, ist das kleine Einmaleins mit seinen vier Grundrechenarten.

Darüber hinaus sollten Sie noch wissen: Kennzahlen sind nicht nur sehr einfach abzubilden, sondern auch noch ausgesprochen nützliche Helfer und Signalgeber. Sie sorgen dafür, dass Sie aus den Geschäftsdaten der Vergangenheit wichtige Schlussfolgerungen für die künftige Entwicklung Ihres selbständigen Betriebes ziehen können. Zum Beispiel:

Unternehmensentwicklung:
Kennzahlen helfen, die wirtschaftliche Entwicklung Ihres Hauses innerhalb eines bestimmten Zeitraumes zu beobachten. Dann jedenfalls, wenn Sie regelmäßig dieselben Kennzahlen ermitteln und miteinander vergleichen.

Unternehmensbewertung:
Kennzahlen helfen Ihnen, die Ergebnisse und Position Ihrer Firma mit anderen Betrieben Ihrer Branche zu vergleichen und objektiv zu bewerten. Ein solches Verfahren zeigt Ihnen mit allen Stärken und Schwächen, wo Sie im Wettbewerb stehen und welche Stellschrauben Sie drehen müssen, um sich weiter zu verbessern.

Frühwarninstrument:
Kennzahlen sind zuverlässige Meteorologen. Sie können Ihnen anzeigen, an welchen unternehmerischen Fronten womöglich Quellbewölkung aufzieht, und helfen Ihnen, geeignete Gegenmaßnahmen einzuleiten, bevor unerfreulicher Platzregen einsetzt.

Bilanzanalyse:
Kennzahlen funktionieren als leicht verständlicher Übersetzer, zum Beispiel für die in vielen Fällen eher abstrakten Zahlen des Jahresabschlusses. Hier tragen sie dazu bei, aussagekräftige Werte für Weichen stellende unternehmerische Entscheidungen zu bilden.

Sie wollen wissen, wie Ihr Unternehmen im Vergleich zu den wichtigsten Wettbewerbern aufgestellt ist? Sie möchten wissen, ob Ihr Unternehmen für mögliche Kapitalgeber einen kaufmännisch ausreichend interessanten Eindruck macht? Sie wollen wissen, ob sich Ihr selbständiges 60-Stunden-Engagement pro Arbeitswoche überhaupt lohnt? Alles kein Problem. Für diese und viele weitere Fragen bringen Kennzahlen die passende Antwort.

Doch anstatt Sie nun mit einem wahren Wust an möglichen Kennzahlen zu überfallen, haben wir an dieser Stelle eine wirklich gute Nachricht: Als Inhaber eines kleinen Betriebes brauchen Sie sich im Grunde nur mit sehr wenigen Kennzahlen zu beschäftigen. Die beiden wichtigsten wollen wir Ihnen gleich ein wenig näher bringen. Beide drehen sich um die so genannte „Rentabilität“ (oder auch „Rendite“) Ihrer Firma.

Rentabilität: Entscheidend ist, was am Ende übrig bleibt

Umsatzzahlen und erzielter Gewinn reichen nicht aus, um genau zu wissen, wie erfolgreich Sie Ihr eigenes Unternehmen in einem definierten Zeitraum (meistens ein Geschäftsjahr) gemanagt haben. Viel exakter kann dies die Kennzahl Rentabilität, in der Alltagssprache auch Rendite genannt. Sie bezieht sich immer auf eine bestimmte Größe, zum Beispiel auf das Eigenkapital oder auf den Umsatz (Eigenkapital- bzw. Umsatzrentabilität). Dabei definiert die Rentabilität, wie hoch der Gewinn im Vergleich zum eingesetzten Kapital ist. Angegeben wird die Rentabilität im Controlling stets als Prozentzahl.

Rechenbeispiel:

Ihr Eigenkapital im Geschäftsjahr 2006 beträgt 25.000 Euro, Ihr Jahresumsatz 200.000 Euro und Ihr Jahresgewinn 2.500 Euro.

Ihre *Eigenkapitalrentabilität* beträgt nach der Formel *Jahresgewinn geteilt durch Eigenkapital:*
2.500 geteilt durch 25.000 = 0,1 = 10 Prozent

Ihre *Umsatzrentabilität* beträgt nach der Formel *Jahresgewinn geteilt durch Jahresumsatz:*
2.500 geteilt durch 200.000 =0,05 = 5 Prozent

Ihr Unternehmen ist dann rentabel, wenn es genügend Geld erwirtschaftet, um all Ihre betrieblichen und privaten Kosten zu decken und zudem einen netten Gewinn abwirft. Normalerweise sollten Unternehmen jeden Monat ihre Rentabilität berechnen. Sie ist ein wichtiges Entscheidungskriterium für den Unternehmer und die Kapitalgeber. Dann etwa, wenn die Bank Ihnen Geld geliehen hat und wissen möchte, ob sich dieses Investment auch trägt. Denn natürlich können Sie nach demselben Strickmuster auch die Fremdkapitalrentabilität berechnen.

Für kleine Unternehmen ist in der Regel die Fokussierung auf Eigenkapital- und Umsatzrentabilität vollkommen ausreichend. Da sich in der Regel kaum nennenswertes Kapital von externen Geldgebern in Ihrer Firma befinden wird (im Gegensatz etwa zu größeren Mittelständlern oder gar reinen Kapitalgesellschaften wie zum Beispiel der AG), wollen wir uns an dieser Stelle auf Eigenkapital und Umsatz beschränken.

Ob die Rentabilität Ihres Unternehmens eher gut, eher durchschnittlich oder eher schlecht ist, lässt sich leicht erkennen. Für jede Branche werden jedes Jahr durchschnittliche Rentabilitätszahlen errechnet und veröffentlicht. Sie lassen – vorausgesetzt, sie stammen von vergleichbaren Betrieben – sichere Rückschlüsse auf die Bewertung Ihrer Firma zu. Die entsprechenden Daten für einen solchen Vergleich erhalten Sie auf Nachfrage von den zuständigen Kammern, von Verbänden und von Ihrer Hausbank.

Eigenkapitalrentabilität oder Eigenkapitalrendite

Wollen Sie die Eigenkapitalrentabilität Ihres Unternehmens berechnen, müssen Sie folgendermaßen denken: Sie investieren eigenes Geld in Ihren Betrieb und erwarten, dass es sich auf diese Weise im Laufe der Zeit durch Ihren Arbeitseinsatz vermehrt. Je höher dieses „Mehr" ausfällt, desto größer ist unterm Strich Ihr finanzieller Erfolg. Dieses „Mehr" ist – in Prozenten ausgedrückt – die Eigenkapitalrendite Ihrer Firma. Dazu sollten Sie wissen: Die Eigenkapitalrendite ist jene Kennzahl, die insbesondere von Unternehmenseigentümern am meisten beachtet wird.

Wie attraktiv oder wie wenig attraktiv Sie die von Ihnen erzielte Eigenkapitalrendite persönlich finden, hängt vor allem von Ihren Erwartungen und Ansprüchen ab. Das ist die subjektive Komponente. Objektiv aussagekräftiger ist es jedoch, einen neutralen Vergleichsmaßstab heranzuziehen. Ein ganz einfaches Beispiel hilft Ihnen dabei: Vergleichen Sie nur, wie viele Erträge Ihr Kapital abwerfen würde, wenn Sie es statt in Ihrer Firma zum Beispiel in einem Fonds oder einem Sparplan der Bank anlegen würden.

Wo verdient Ihr Geld mehr: In Ihrer Firma oder bei der Bank?

Angenommen, Ihr privates Vermögen beträgt 20.000 Euro. Dieses Geld liegt auf einem normalen Sparkonto bei der örtlichen Bank. Jedes Jahr bekommen Sie darauf zwei Prozent Zinsen. Das macht nach zwölf Monaten einen Zinsgewinn von 400 Euro.

Auch Ihr Betrieb ist im Grunde nichts anderes als ein Konto, das wachsen soll. Auch dort investieren Sie Ihr Erspartes, um es zu vermehren. Einziger Unterschied: Anders als beim Bankkonto lässt sich der Zinssatz hierfür erst nachträglich ermitteln. Und dieser Zinssatz ist letztlich die Eigenkapitalrendite.

Alles, was Sie neben der weiter oben stehenden Formel für die Berechnung der Eigenkapitalrendite benötigen – Ihr erzielter Gewinn und Ihr Eigenkapital –, liefern Ihnen die Unterlagen Ihres letzten Jahresabschlusses (Einnahme-Überschuss-Rechnung oder Bilanz).

Zum objektiven Vergleich des Ergebnisses sollten Sie wissen: Die durchschnittliche Eigenkapitalrendite der deutschen Industrie liegt aktuell etwa bei sechs Prozent. Auf Sparkonten sind in der Regel nicht mehr als zweieinhalb bis drei Prozent zu holen. Sollte Ihre Rendite also über sechs Prozent liegen, haben Sie einen prima Job gemacht. Sollte der Wert jedoch deutlich unter drei dümpeln, sollten Sie schnell eine Gegenstrategie entwickeln.

Bedenken Sie: Die Eigenkapitalrentabilität gehört zu den wichtigsten Kennzahlen Ihres Unternehmens. Sowohl für Sie selbst als auch für externe Berater, Banken, künftige Teilhaber und Gutachter, die das Entwicklungspotenzial des Betriebes bewerten (zum Beispiel im Hinblick auf die Vergabe von Krediten oder zur Entscheidung einer Beteiligung): Die Eigenkapitalrendite ist eine objektive, unbestechliche Kennzahl zur Beurteilung der Zukunftsfähigkeit eines Unternehmens.

Umsatzrentabilität oder Umsatzrendite

Ein auf dem Papier beeindruckender Riesenumsatz ist zwar gut und schön, doch davon können Sie sich im wahrsten Sinne nichts kaufen. Dennoch ist der Blick auf die Umsätze für viele Unternehmer immer noch eine verführerische Falle. Sieht ja auch gut aus, was da bei der Summe der eingegangenen Gelder auf dem Kontoauszug steht. Doch bitte vergessen Sie niemals: Umsatz ist nicht gleich Gewinn!

Einen klaren Durchblick liefert die so genannte „Umsatzrendite". Sie zeigt auf einen Blick, wie viel Gewinn mit einem Euro Umsatz erwirtschaftet wurde. Auf diese Weise bekommt man einen unverstellten Blick auf den eigenen Erfolg. Die Ermittlung dieser Kennziffer ist ebenso einfach wie schon bei der Eigenkapitalrentabilität. Alles was Sie brauchen, steht in Ihrer Einnahme-Überschuss-Rechnung.

Machen Sie die Umsatzrendite greifbar

Einmal angenommen, ein Blick auf Ihre Einnahme-Überschuss-Rechnung weist für das vergangene Geschäftsjahr Umsatzerlöse in Höhe von 500.000 Euro aus. Als Jahresüberschuss steht ganz unten auf der Liste nach Abzug aller Kosten und Steuern ein Betrag von 50.000 Euro. Dann lautet die Rechnung nach der obigen Formel:

50.000 geteilt durch 500.000 = 0,1 = 10 Prozent

Mit jedem Euro Umsatz macht Ihr Unternehmen also zehn Cent Gewinn. Der Rest von 90 Cent wird im Laufe des Produktionsprozesses von anderen Kosten wie Miete, Gehälter, Rohstoffe, Energie, Fahrzeuge und andere aufgebraucht.

Und noch eine sehr einfache Eselsbrücke: Alles, was mit Rendite zu tun hat, bezieht sich immer nur auf den von Ihnen erzielten Gewinn, auf nichts anderes. Der Begriff vor dem Wörtchen „Rendite" (also Eigenkapitalrendite oder Umsatzrendite) ist immer diejenige Größe, durch die der Gewinn bei der jeweiligen Kennzahlenermittlung geteilt wird. Ist der Gewinn irgendwann einmal negativ (Sie machen also Verlust), landen natürlich auch die Kennzahlen zur Rentabilität im negativen, also im roten Bereich.

Weitere Formeln für wichtige Kennzahlen

- Wie hoch sind meine *anteiligen Fixkosten?*
  (Fixkosten x 100) geteilt durch Gesamtkosten
- Wie entwickeln sich *meine Preise?*
  Umsatz geteilt durch Absatz (Stückzahlen, Arbeitsstunden etc.)
- Wie entwickelt sich meine *Produktivität?*
  (Leistung x 100) geteilt durch Arbeitsstunden
- Wie entwickelt sich meine *Reklamationsquote?*
  (Anzahl der Reklamationen x 100) geteilt durch Gesamtzahl Aufträge

Nehmen wir an, Ihr Unternehmen freut sich über eine wie im Beispiel angeführte Umsatzrentabilität von zehn Prozent. Nicht schlecht! Doch jetzt erfahren Sie, dass Ihr stärkster Konkurrent im vergangenen Jahr eine Umsatzrendite von zwölf Prozent realisieren konnte. Tendenz: weiter steigend.

Im ersten Moment ist das natürlich ein wenig frustrierend. Denn obwohl Sie der Meinung sind, gut gewirtschaftet zu haben, bedeutet das doch: Der Wettbewerber hat noch besser gewirtschaftet. Bei ihm blieb unterm Strich mehr Geld hängen, er machte mehr Gewinn. Nach der ersten Enttäuschung muss Ihr nächster Gedanke sein: Was können Sie tun, um Ihre Umsatzrentabilität ebenfalls nach oben zu treiben?

Die beste Methode ist, den Gewinn zu steigern. Am schnellsten und einfachsten geht es durch eine Senkung der Kosten. Nur so bleibt am Ende mehr Ertrag hängen. An dieser Stelle bleibt also nur der unromantische Appell: Den Rotstift herausholen und nach Einsparmöglichkeiten suchen. Allerdings nicht, ohne auch weiterhin Unternehmer zu sein. Denn Gewinn lässt sich durch Kostenreduktion nur begrenzt erhöhen. Vergrößern lässt sich der Gewinn allein durch erfolgreiche Geschäfte. Und die schließen Sie ab, in dem Sie Ihren Kunden auf Basis exzellent aufbereiteter Zahlen Angebote machen, die sie einfach nicht ablehnen können.

Checkliste „Kennzahlen“

Treffen folgende Aussagen für Sie zu?

	Ja	Nein
1. Sie wissen jederzeit, ob Sie alle im Geschäftsjahr geplanten Unternehmensziele erreichen werden?	☐	☐
2. Ihnen stehen jederzeit sämtliche Zahlen zur Verfügung, die Sie für Ihre Entscheidungen benötigen?	☐	☐
3. Sie wissen genau, wie hoch die Kosten Ihres Betriebes sind, welchen Bereichen zugeordnet und wie sie sich entwickeln?	☐	☐
4. Sie können auf der Grundlage Ihrer Leistung in der Vergangenheit eine sichere Prognose für Ihre unternehmerische Zukunft treffen?	☐	☐

Wenn Sie nur eine der vorherigen Fragen mit „Nein“ beantwortet haben, sollten Sie sich ernsthaft überlegen, warum Sie Ihre betriebliche Zukunft auch weiterhin dem Zufall überlassen wollen. Unwägbarkeiten und unangenehme Überraschungen gibt es genug. Verschaffen Sie sich deshalb alle Zahlen und Daten, die Ihre Leistung möglichst tagesaktuell deutlich macht. Seien Sie sicher: Die Mühe wird sich lohnen!

Schulzes Tagebuch: Nicht alle Wege führen nach Rom

„Ein dicker Auftrag, der gar nicht dick ist?“ Schulze versteht die Welt nicht mehr. Die Rechnung ist doch einfach: dicker Auftrag, dickes Geld. Der selbständige Installateurmeister ist überzeugt: Die Schulsanierung bringt ihm und seinen Leuten zweieinhalb Monate volle Auslastung. Immerhin fast ein Vierteljahr. Er braucht keine anderen Sachen, hat auch keine Zeit dafür. „Eben“, sagt Steuerberater Scheitel. „Genau das ist ja das Problem mit Großaufträgen.“ Keine Zeit für anderes heißt auch: kein Geld von anderen. Mit einem Mal ist man abhängig von einem Großkunden. „Und was machen Sie, wenn der nicht pünktlich zahlt?“

Schulze überlegt angestrengt. So hatte er die Sache noch nicht gesehen. Zwar hatte er von Kollegen gehört, dass Städte nicht gerade zu den pünktlichsten Überweisern zählen. Aber auch seine Stadt? Ein Blick auf den vor ihm liegenden Jahresabschluss zeigt: Tatsächlich reichen die Reserven im Augenblick vorne und hinten nicht, um den Betrieb durch eine vorübergehend einnahmelose Durststrecke zu führen. Der Rubel muss rollen, so viel ist klar. In diesem Moment legt Steuerberater Scheitel den Zeitungsartikel über die Pleite von Elektro-Klingel auf den Tisch.

„Hier, der gleiche Fall, Schulze. Konkurs bei vollen Auftragsbüchern. So etwas gibt’s wirklich.“ Schulze liest: Klingel hat sich beim Großprojekt „Auenviertel“ total übernommen. Jede Menge Vorinvestitionen in Material und Personal. Dann hat der Bauträger einfach nicht gezahlt. Zum Schluss war das ganze Eigenkapital weg, die Kreditlinie bei der Bank ausgereizt und der Betrieb nicht mehr zu retten. Pleite nach 105 Jahren.

„Da war der Hunger größer als der Magen, was?“, sagt Schulze. „Genau“, bestätigt Scheitel. „Und die kaufmännische Planung war nicht so gut wie die handwerkliche Leistung. Mit ein klein wenig mehr Verständnis für die Sprache der Zahlen wäre das nicht passiert.“ Schulze ahnt, was Scheitel meint. Aber was bedeutet das konkret für ihn? Sein Steuerberater hilft ihm. „Sie müssen eben mehr in Budgets denken.“

Schulze ist überrascht. Budgets, dachte er immer, seien nur etwas für große Unternehmen mit Projekten im sechsstelligen Bereich. Ist aber nicht so. Budgets sind für alle da. „Das sind Ihre in Zahlen ausgedrückten Unternehmensziele. Oder anders gesagt: Damit bauen Sie Ihrem Betrieb die passende Straße, um zu einem bestimmten Ziel zu kommen“, erklärt Scheitel seinem Mandanten. „Wenn Sie wollen, fangen wir heute damit an.“

Gesagt, getan. Gemeinsam legen die beiden fest, wie viel Geld im nächsten Jahr für notwendige Investitionen in neue Spezialwerkzeuge und für Marketing und Werbung zur Verfügung steht. Die Basis bildet der aktuelle Jahresabschluss. Jetzt erkennt Schulze, wie eng sein Spielraum wirklich ist, und räumt ein: „Das Schulzentrum ist wohl im nächsten Jahr wirklich eine Nummer zu groß für mich.“ Stattdessen will er sich zunächst einmal darauf konzentrieren, seine Marktposition bei den Privatkunden weiter auszubauen und die Auftragskalkulation auf professionellere Beine zu stellen. Selbstkritisch stellt er fest: „Bislang habe ich meine Angebote mehr geschätzt als gerechnet. Klar, dass ich hiermit auf Dauer nicht richtig liegen konnte. Aber wie mache ich es dann ab sofort vernünftig?“ *(Fortsetzung nach Kapitel 4)*

4 Gesund wachsen Controlling sichert die Baustelle

- Immer weiter, immer schneller, immer höher
- Investieren – aber richtig
- So bleiben Sie flüssig

Immer weiter, immer schneller, immer höher

Fast alle Unternehmer wollen nur das Eine: Mehr unternehmen. Wenn das Geschäft schleppend läuft, soll es endlich in Fahrt kommen. Wenn es unter Dampf steht, soll der Schornstein noch stärker rauchen. Denn Chef und Chefin wollen schneller als bisher vorwärts kommen. Der Controller übersetzt das so: Bei sinkenden oder wenigstens gleich bleibenden Kosten sollen Umsatz oder Gewinn steigen. Am besten natürlich beides zusammen.

Damit das nicht nur ein schöner Traum bleibt, müssen Sie aktiv werden. Zum Beispiel die Betriebskosten senken, weil Sie dann selbst bei konstanten Einnahmen einen höheren Gewinn erzielen werden als im Jahr zuvor. Auf diese Weise verbessern Sie Ihre Rentabilität, was bedeutet, dass Ihr investiertes Kapital mehr Zinsen abwirft und sich Ihr Engagement stärker bezahlt macht. Betriebswirtschaftlich klug ist das in jedem Fall, aber deshalb auch eher eine unternehmerische Daueraufgabe als eine Wachstumsstrategie.

Die meisten Firmenchefs, die erklären, wachsen zu wollen, wollen ganz einfach das Geschäft ausweiten: Marktanteile ausbauen, mehr Personal beschäftigen, weitere Niederlassungen eröffnen, in neue Märkte vordringen. Wenn hingegen Controller von „Wachstum“ sprechen, dann geht es allein um den Anstieg des Gesamtumsatzes. Und dahinter verbirgt sich meist das weit ehrgeizigere Ziel, dem Unternehmen einen größeren Marktanteil zu sichern.

Vorsicht: Tappen Sie nicht in die Wachstumsfalle!

Das Ziel Wachstum ist ehrenwert, darf aber keinesfalls zum Selbstzweck werden. Denn nur unter der Annahme, dass der Fuß nach wie vor fest auf der Kostenbremse bleibt, treibt ein höherer Umsatz den Jahresgewinn mit nach oben. Wer dagegen den Umsatz um jeden Preis erhöht – koste es, was es wolle –, der wächst nicht, sondern pumpt Luft in sein Geschäft. Der Umsatzanstieg wirkt zwar eindrucksvoll – aber nur auf Laien und nur auf den ersten Blick. Denn wenn Einnahmen und Ausgaben gleichermaßen steigen, bleibt unterm Strich derselbe Gewinn wie vorher übrig. Einfache Bruchrechnung beweist das: 4/16 sind auch nur 1/4.

Von nichts kommt nichts

Mehr Umsatz erzielen zu wollen ist ein schönes und ehrenwertes Ziel. Aber wie macht man das? Viele Wege führen zum Glück – doch wägen Sie Vor- und Nachteile sorgfältig ab:

- *Fleiß:* Bei entsprechender Auftragslage könnten Sie mehr Stunden als bisher pro Tag, Woche oder Monat arbeiten. Das geht natürlich zu Lasten Ihrer Erholungszeit.
- *Marktmacht nutzen:* Wenn Sie der beste, der einzige oder einer von ganz wenigen guten Anbietern in Ihrer Region sind, könnten Sie Ihre Preise anheben. Dann steigt Ihr Umsatz, ohne dass Sie mehr arbeiten müssen. Aber unterschätzen Sie nicht das Risiko: Sie locken damit unweigerlich neue, kostengünstigere Wettbewerber auf den Plan!
- *In Werbung investieren:* Das kostet eine Stange Geld. Doch wenn Sie es geschickt anstellen, flattern Ihnen mehr Aufträge ins Haus, und Sie können sich die profitabelsten heraussuchen.
- *Angebotspalette ausweiten:* Wenn Sie bisher ausschließlich als Fliesenlegermeister tätig waren, könnten Sie sich zum Beispiel mit Kollegen aus anderen Gewerken (z.B. Sanitär, Elektro, Maler, Parkettleger) zusammentun und die komplette Bad-, Küchen- oder Wohnraumgestaltung anbieten. Der Preis: Ihre unternehmerische Unabhängigkeit.

- *Personal einstellen:* Wenn Sie mehr zu tun haben, als Sie allein schaffen können, steht es Ihnen frei, Mitarbeiter einzustellen und dadurch mehr Aufträge anzunehmen. Überlegen Sie sich diesen Schritt gut und sprechen Sie vorher mit Ihrem Steuerberater. Die Beschäftigung von Mitarbeitern birgt zwar Chancen, aber auch Risiken und belastet Sie zudem mit zahlreichen administrativen Bürden.
- *Betriebsausstattung verbessern:* Jedes Jahr kommen neue Maschinen, Geräte und Hilfsmittel auf den Markt, die Ihnen die Arbeit erleichtern oder gestatten, qualitativ mehr anzubieten. Wenn Sie dadurch schneller mit Ihrer Arbeit fertig werden, können Sie die Preise senken und damit einen Wettbewerbsvorteil erzielen. Sie haben auch dann die Nase vorn, wenn Sie die neue Technik einsetzen, um Ihr Leistungsspektrum auszuweiten oder zu verbessern oder etwas ganz Neues anzubieten. Beispiel: Dank einer Maschine zum Bedrucken von T-Shirts können sich Copy-Shops einen Marktvorteil verschaffen. Zumindest solange, bis die Konkurrenz nachgezogen ist.
- *Eine andere Firma übernehmen:* Wenn Ihr Kapital dafür reicht, ist dies sicher der schnellste Weg zum Wachstum: Sie kaufen sich Umsatz dazu. Gleichzeitig ist dies aber auch der schnellste Weg, Ihre Existenz zu ruinieren. Denn Sie kaufen sich auch beträchtliche Risiken hinzu.

Investieren – aber richtig

Gelegentlich kommt man als Unternehmer einfach nicht darum herum, Geld für eine neue Maschine oder neue Büromöbel oder einen Firmenwagen auszugeben: Wenn nämlich schlicht Ersatz her muss, weil das Anlagegut kaputt ist und nicht mehr repariert werden kann. Bevor Sie sich aber aus Wachstumsüberlegungen heraus eine neue Maschine kaufen, eine größere Werkstatt zulegen oder einen Betrieb erwerben, sollten Sie unbedingt den Controller in sich zu Rate ziehen. Denn so angenehm es ist, von heute auf morgen Eigentümer einer funkelnagelneuen Maschine oder eines größeren Büros zu sei: Auf einem sicheren Finanzpolster schlafen Sie weitaus ruhiger.

Die Kernfrage: Wie entwickeln sich Ihre Märkte?

Wenn die Firma größer wird, freuen sich Chef und Chefin – aber nur dann, wenn Umsatz und Gewinne entsprechend wachsen. Das aber setzt auch künftig eine steigende *Nachfrage nach Ihren Produkten oder Dienstleistungen* voraus. Behalten Sie deshalb nicht nur die aktuellen Geschäftsdaten im Blick, sondern überprüfen Sie von Zeit zu Zeit, wie und wohin sich Ihr Absatzmarkt, Ihr Beschaffungsmarkt und Ihr Personalmarkt entwickeln. Ziehen Sie Tages- und Wirtschaftszeitungen sowie die Fachpresse und Ihren Branchenverband zu Rate. Untersuchen Sie außerdem einmal im Jahr, ob Ihr Leistungsangebot, Ihre Qualität und Ihre Preise noch wettbewerbsfähig sind. Ein probates Hilfsmittel dafür ist der *Vergleich mit der Konkurrenz* („Benchmarking"). Was bieten die Kollegen, was Sie nicht können oder haben? Wie stehen Sie im Preisgefüge da? Wie präsentieren sich die Wettbewerber am Markt? Welcher Ruf geht ihnen voraus? Welcher Kollege hat aufgegeben, welche neuen Anbieter haben sich in jüngster Zeit in Ihrem Ort niedergelassen? Gibt es genügend Lieferanten, unter den Sie wählen können? Bekommen Sie ausreichend qualifizierte Mitarbeiter oder sollten Sie selbst ausbilden? Nur dann, wenn alle Zeichen für gesund wachsende Märkte sprechen, lohnen sich größere Investitionen in Ihr Geschäft.

Wie finden Sie heraus, ob sich eine geplante Investition für Ihr Geschäft lohnt?

Wenn Sie einen hauptberuflichen Controller fragen, wird der Ihnen mit jeder Menge komplizierter mathematischer Formeln kommen. Abgesehen davon, dass er Ihnen den Unterschied zwischen statischen und dynamischen Verfahren zur Investitionsrechnung, dem Barwert, dem Ertragswert und dem Kapitalwert zu erklären versuchen wird, wird er sich vor allem nach einem erkundigen: „Was schätzen Sie denn, welchen Mehrumsatz und welchen Gewinn Ihnen die Investition bringt? Und in welchem Zeitraum?"

Wann lohnt sich die Investition?

Genau damit ist er beim Kern der Sache. Wenn Sie plausible und begründete Antworten auf diese beiden Fragen haben, können Sie auch ohne

Mathematikstudium Ihre eigene Investitionsrechnung aufmachen. Und zwar so:

Schritt 1:

Ermitteln Sie die genauen *Anschaffungskosten* für die neue Maschine, das Grundstück oder den zu übernehmenden Betrieb. Rechnen Sie alle *Anschaffungsnebenkosten* dazu (Notarkosten, Grunderwerbssteuer, Provisionen, Abfindungen u.a.). Denken Sie auch daran, dass viele Maschinen bauliche Veränderungen Ihrer Betriebsstätte (z.B. Klimaanlage) notwendig machen. Kalkulieren Sie das ein.

Schritt 2:

Schätzen Sie die betriebliche Nutzungszeit Ihrer Investition: Wie lange, glauben Sie, können Sie mit dieser Investition arbeiten, bevor sie ersetzt werden muss?

Kalkulieren Sie nun, welche dauerhaften *Mehr*kosten Ihnen die Investition für den *gesamten Nutzungszeitraum* verursacht, z.B. für erhöhten Wartungsbedarf, zusätzliche Raumkosten, Versicherungen oder für höhere Betriebskosten wie Strom oder Wasser.

Addieren Sie diese Mehrkosten (plus zehn Prozent Inflations- und Sicherheitszuschlag) zu den einmaligen Anschaffungskosten.

Schritt 3:

Ziehen Sie von der Gesamtsumme das ab, was Sie für Ihre alte Maschine oder das bisherige Betriebsgrundstück am Markt erzielen können, wenn Sie verkaufen, verpachten oder vermieten. Kalkulieren Sie realistisch und rechnen Sie sich nichts schön, nur weil Sie die brandneue PX14 mit Schlupffaktor um jeden Preis haben wollen!

	Einmalige Anschaffungs- und Anschaffungsnebenkosten
+	Dauerhafte Mehrkosten auf die gesamte Nutzungszeit
=	**Gesamtkosten der Investition**
–	Erlöse aus Verkauf, Verpachtung oder Vermietung
=	**Gesamtaufwand für Ihre Investition**

Die so ermittelte Summe sagt Ihnen ziemlich präzise, was Sie Ihre Neuanschaffung über deren gesamte Laufzeit hinweg kostet. Zur Präzisierung bis aufs letzte Komma, zu steuerlichen und Abschreibungsfragen konsultieren Sie anschließend Ihren Steuerberater.

Schritt 4:

Zu wissen, was Sie die neue PX14 alles in allem kostet, ist eine Sache. Nun müssen Sie nur noch ermitteln, welchen voraussichtlichen Gewinn Ihre Investition bringt. Es gibt zwei Möglichkeiten: Entweder können Sie mit deren Hilfe auf Dauer Kosten sparen (Experten nennen das eine *Rationalisierungsinvestition*) oder Sie können damit Ihren Umsatz ausweiten *(Erweiterungsinvestition)*. In ganz seltenen Fällen gelingt beides zusammen.

Wenn Sie *rationalisieren* wollen, dann vergleichen Sie bitte die dauerhaften Betriebskosten der neuen Maschine mit denen Ihrer gegenwärtigen. Die Differenz über die gesamte Laufzeit addiert sollte mindestens so hoch sein wie die Anschaffungskosten der Maschine abzüglich des Veräußerungserlöses für die alte. Ist das nicht der Fall, dann ist Ihre Investition rein rechnerisch von Nachteil für Sie. Es kann jedoch Gründe geben, die die Geldausgabe trotzdem sinnvoll scheinen lassen, z.B. wenn Ihre Mitbewerber in der Region längst auf die neue Technik umgestiegen sind und Sie mit Ihrem Altertümchen keinen Blumentopf mehr am Markt gewinnen können. Aber überlegen Sie zweimal: Können Sie jetzt nicht erheblich kostengünstiger anbieten als die Kollegen, die den Anschaffungspreis für ihren letzten Schrei erst noch verdienen müssen?! Ihre Maschine ist doch längst abgeschrieben, und weil Abschreibungen buchhalterisch gesehen Kosten sind, entfällt dieser Faktor in Ihrer Kalkulation.

Wenn Sie Ihr *Geschäft erweitern* wollen, wird die Rechnung ein bisschen komplizierter. Denn dann müssen Sie neben den *Mehr*kosten auch den zu erwartenden *Mehr*umsatz für die gesamte Nutzungszeit des neuen Wirtschaftsgutes schätzen! Das ist nicht leicht, und außerdem wiegt sich manch einer angesichts einer coolen PX14 gerne in Illusionen ... „also, das wird doch wohl zu stemmen sein: Müller hat schon gesagt, er wolle mehr bestellen, und von Meier kommt bestimmt auch was, und wenn die anderen erst sehen, was in meinem Betrieb steht ..." Seien Sie klug und informieren Sie sich gründlich. Studieren Sie Marktberichte von der Handwerkskammer, der IHK und Ihrem Branchenverband. Und holen Sie sich professionellen Rat bei der KfW oder bei einem Unternehmensberater (zum Beratungsangebot der KfW siehe Seite 29f.).

Muss die Investition wirklich sein?

Bevor Sie einige Zehn- oder Hunderttausend Euro Darlehen aufnehmen und in Ihr Anlagevermögen investieren, sollten Sie alternative Wege prüfen:

- **Kooperation:** Können Sie mit einem Branchenkollegen zusammenarbeiten, der bereits einen modernen Maschinenpark besitzt? Vielleicht freut er sich über eine bessere Auslastung und überlässt Ihnen gegen Berechnung seine Maschinen?
- **Outsourcing:** Können Sie bestimmte maschinengebundene Aufträge an einen Branchenkollegen auslagern, der das gegen Rechnung für Sie erledigt?
- **Leasing:** Können Sie die benötigte Maschine auf Zeit von einem Leasinggeber oder sogar direkt vom Hersteller mieten? Vorteile: Sie sparen sich die Kosten eines eventuellen Kredites und die Verschlechterung Ihrer Kapitalstruktur. Nachteile: Jeden Monat werden Leasinggebühren fällig. Und die Maschine geht nicht in Ihren Betriebsbesitz über.

Ihre Erweiterungsinvestition dürfte betriebswirtschaftlich vernünftig sein, wenn ...

- ... es Ihnen gelingt, das bisher genutzte Wirtschaftsgut zu einem gutem Preis abzugeben,
- ... Sie dank dieser Investition deutlich mehr profitable Aufträge bekommen als bisher,
- ... Sie mit Ihrer alten Maschine oder Anlage dem Wettbewerb völlig hinterherhinken und Ihr Geschäft sonst abzustürzen droht,
- ... neue Kunden zu Ihnen kommen, die sonst zur Konkurrenz gegangen wären,
- ... die neue Maschine o.ä. nicht zu hohe Folgekosten verursacht, also zum Beispiel keinen zusätzlichen Raum oder Personal verlangt,

- ... wenn Sie sich für die Finanzierung nicht über die Maßen verschulden müssen,
- ... und wenn Ihre ganze Kalkulation nicht nur auf zukünftige Gewinne aufbauen würde: Die Zinsen für das benötigte Fremdkapital sollten schon von Ihrem heutigen Geschäft erwirtschaftet werden können.

Wie Sie Ihre Neuanschaffung finanzieren

Wenn Sie Ihre geplante Neuanschaffung aus zuvor angespartem Geld bezahlen können, sind Sie – finanzwirtschaftlich gesehen – auf der sicheren Seite. Das setzt natürlich voraus, dass Sie langfristig klug planen und einen Teil des bisherigen Betriebsgewinns für zukünftige Investitionen zurücklegen. Genau das ist der Sinn von Abschreibungen. Indem Sie jedes Jahr einen Teil des ursprünglichen Anschaffungspreises Ihrer Maschinen und Anlagegüter als Kosten geltend machen dürfen („abschreiben"), senken Sie Ihre Einkommensteuerlast. Wenn die Maschine komplett abgeschrieben ist, sollten Sie also genügend Reserven angesammelt haben, um damit die Ersatzinvestition finanzieren zu können.

Leider bleibt es häufig beim guten Vorsatz. Wenn die Maschine wirklich nicht mehr ans Laufen gebracht werden kann und die Anschaffung einer neuen unumgänglich wird, wird schnell an einen Betriebskredit gedacht. „Warum sollte mir die Bank kein Geld leihen? Schließlich verdient sie ja gut an den Zinsen", sagt sich der Unternehmer und ruft kurzerhand seinen Bankberater an. Was hört er dann? „Gerne, kommen Sie vorbei, aber bringen Sie bitte Ihre aktuellen Geschäftsunterlagen mit." Aktuell – das bedeutet zwingend: Mit dem jüngsten Einkommensteuerbescheid vom Finanzamt, womöglich aus dem vorvorletzten Geschäftsjahr, ist es nicht getan. Jedes Kreditinstitut will Zahlen neueren Datums sehen, bevor es eine Darlehenszusage macht. Deshalb stellen Sie, wenn Sie um ein Bankdarlehen nachsuchen, am besten eine kleine Mappe mit Kopien folgender Unterlagen zusammen:

- die vom Steuerberater geprüften *Einkommensteuerbescheide* des Finanzamtes aus den letzten drei Geschäftsjahren (falls Ihnen die vorliegen und Sie sie nicht schon früher an Ihre Bank weitergeleitet haben),
- die *Einnahme-Überschuss-Rechnungen* der letzten drei Geschäftsjahre,

- eine tages- oder zumindest monatsaktuelle *Übersicht über Ihre betrieblichen Einnahmen und Ausgaben*, aus der sich per Saldo das Geschäftsergebnis bis zum heutigen Tag oder zum Ende des vorangegangenen Monats ablesen lässt. Noch professioneller wirkt eine
- *Rentabilitätsvorschau*.

Die sieht so aus:

	Geschäftsjahr 1	Geschäftsjahr 2	Geschäftsjahr 3
Nettoumsatz (ohne MwSt.)			
./.Wareneinsatz			
= Rohertrag/ Rohgewinn			
./. Aufwendungen:			
Personalkosten			
Miete			
Energie, Wasser			
Werbung			
Kfz-Kosten			
Reisekosten			
Telefon, Fax, Internet			
Büromaterial			
Verpackung			
Reparatur/Wartung			
Versicherungen			
Beiträge			
Leasing			
Steuerberater			
Zinsen			
Sonst. Aufwendungen			
Summe Aufwendungen			
= Betriebsergebnis			
./. Abschreibungen			
./. Einkommens- und			
Gewerbesteuer			
= Jahresüberschuss oder			
Jahresdefizit			
./. Tilgung			
./. Privatversicherungen			
= Verfügbares Einkommen			

Diese Rentabilitätsvorschau steht für Sie auch zum Download im Internet bereit: www.kfw-mittelstandsbank.de.

- Weil Sie von Ihrem Banker außerdem höchstwahrscheinlich um eine *persönliche Selbstauskunft* gebeten werden, lassen Sie sich das entsprechende Formular zuschicken, füllen es wahrheitsgemäß und in Ruhe an Ihrem Schreibtisch aus und legen es ebenfalls in diese Mappe.

Sicherheiten: Was haben Sie zu bieten?

Betriebsdarlehen werden in der Regel nur an solide geführte, finanziell gesunde Unternehmen mit marktgängigen Produkten und Dienstleistungen vergeben. Ihr Banker weiß genau, dass jeder Betrieb einmal in einen finanziellen Engpass geraten kann. Bei der Prüfung des Kreditantrages will sich die Bank deshalb anhand realistischer Kriterien ein ganzheitliches Bild von Ihrem Unternehmen sowie seinen zukünftigen Absatz- und Ertragsmöglichkeiten verschaffen.

Aus Sicht des Geldinstitutes ist das verständlich: Keine Bank der Welt hilft Ihnen bei der Finanzierung Ihres Betriebsvermögens, ohne eine gewisse Garantie dafür zu bekommen, dass das Geld eines Tages an das Kreditinstitut zurückfließen wird. Richten Sie sich also auf Fragen nach Ihrer geschäftlichen Solidität, nach Ihrer finanziellen Bonität und nach Ihren Sicherheiten ein.

Solidität:

Dass Sie solide wirtschaften, beweisen Sie durch die (hoffentlich positiven) Betriebsergebnisse der zurückliegenden Jahre. Anders herum sollte Ihnen klar sein, dass nach mehreren verlustreichen Jahren und möglicherweise noch nicht abbezahlten Bankkrediten nur geringe Aussichten auf ein weiteres Darlehen bestehen.

Bonität:

Der Begriff bezeichnet die Güte eines Schuldners, das heißt seine Fähigkeit, aufgenommene Kredite einschließlich der Zinsen vereinbarungsgemäß zurückzahlen zu können. Wenn Sie eine Kapitalgesellschaft führen (AG, GmbH, KG), wird die Bonität Ihrer Firma geprüft. Als Inhaber einer Personengesellschaft oder als Freiberufler zählt Ihre individuelle Bonität. Als Beleg dafür können Sie fristgerecht getilgte Darlehen aus der Vergangenheit anführen, laufend einbezahlte Lebensversicherungen (Nachweis!), hypothekenfreie Immobilien oder sonstige unbelastete Vermögenswerte in Ihrem Eigentum.

Sicherheiten:

Damit geben Sie Ihrer Bank gewissermaßen ein Pfand für den gewährten Kredit. Falls Sie wiederholt und trotz eindringlicher Aufforderung versäumen, die vereinbarten Tilgungsraten und die Zinsen zu entrichten, darf das Kreditinstitut Ihr Pfand zu Geld machen und den Erlös zur Deckung des Darlehens verwenden. Die Banken unterscheiden zwischen leicht und schwieriger verwertbaren Deckungen. Zu den leicht verwertbaren zählen Bankguthaben, börsengängige Wertpapiere, garantierte Rückkaufswerte von Lebensversicherungen und Bankgarantien. Schwieriger verwertbare Deckungen sind zum Beispiel Bürgschaften oder abgetretene Forderungen. Jede Sicherheit darf natürlich nur einmal abgetreten werden. Doch es gibt auch eine gute Nachricht: Je mehr Sicherheiten Sie mitbringen, desto geringer ist der Zinssatz.

Mikro-Darlehen, Unternehmerkredit und Regionalförderungen

Die KfW Mittelstandsbank (unter www.kfw-mittelstandsbank.de im Internet) bietet nicht nur Förderdarlehen für den Aufbau einer selbständigen Existenz, sondern auch *Mikro-Darlehen* (bis zu 25.000 Euro) speziell für kleine und kleinste Unternehmen. Sie können noch bis zu drei Jahren nach der Gründung beantragt werden. Höhere Darlehensbeträge (i.d.R. bis fünf Millionen Euro), die für Betriebsfestigungs- oder Erweiterungsinvestitionen benötigt werden, deckt der *Unternehmerkredit* der KfW Mittelstandsbank ab. Hier liegt der Zinssatz unterhalb der Marktkonditionen und bleibt zehn Jahre lang fest. Über diese Angebote hinaus gibt es in fast jedem Bundesland spezielle *Landesförderprogramme*, mit denen beispielsweise die Ansiedlung neuer Unternehmen in strukturschwachen Gebieten unterstützt wird. Andere Regionalprogramme fördern High-Tech-Unternehmen oder Neue Medien. Erkundigen Sie sich bei der Wirtschaftsförderung Ihrer Stadt oder Gemeinde, bei der IHK oder der Handwerkskammer in Ihrer Region.

Vergessen Sie bitte nicht: Es gibt keine Standardfinanzierung. Jede Finanzierung ist auf den persönlichen Einzelfall des Unternehmens und des Unternehmers zugeschnitten. Darauf verstehen sich die Fachleute in den KfW-Beratungszentren und -sprechtagen. Mit ihnen können Sie „Ihren“ Fall in Ruhe durchsprechen und den maßgeschneiderten Finanzierungsplan anschließend schwarz auf weiß zum Gespräch mit Ihrer Hausbank mitnehmen.

So bleiben Sie flüssig: Planen Sie Kosten, Absatz und Liquidität

Ihr Unternehmen muss also jederzeit liquide sein, das heißt: die laufenden Rechnungen bezahlen können. Sie als Firmenchef sollten die Zahlungsfähigkeit einmal im Monat planen und überwachen. Dazu helfen Ihnen *drei einfache Tabellen,* die Sie, ob auf einem Blatt Papier oder am PC, in kaum mehr als einer Controller-Stunde auf den neuesten Stand gebracht haben. Aber diese Stunde (eine von gut 700 im Monat!) sollten Sie sich wirklich nehmen.

Ihre Liquiditätsrechnung sollte die nächsten drei, besser: zwölf Monate umfassen. Denn Einnahmen und Ausgaben verteilen sich meist nicht regelmäßig übers Jahr – zum Beispiel schwanken die Personalkosten auf Grund von Urlaubs- und Weihnachtsgeld, und Versicherungsbeiträge werden oft nur einmal im Jahr abgebucht. Im Liquiditätssplan stellen Sie den zu erwartenden Einnahmen die voraussichtlichen Ausgaben gegenüber. Aus der Differenz ergibt sich der monatliche Überschuss oder ein Fehlbetrag. Was Sie davon haben? Sie ersparen sich, erstens, unangenehme Überraschungen. Sie können, zweitens, Ihre Ausgaben so legen bzw. Zahlungstermine so vereinbaren, dass Sie kein zusätzliches Fremdkapital einsetzen müssen. Sie haben, drittens, das gute Gefühl, zu wissen, was auf Sie zukommt. Und das können Sie, viertens, auch jederzeit belegen.

Ihre Liquiditätsrechnung verlangt allerdings etwas Vorarbeit von Ihnen: Eine Kostenplanung und eine Absatzplanung. Schließlich müssen Sie ja erst wissen, mit welchen Ausgaben und mit welchen Einnahmen Sie zu rechnen haben.

1. Kostenplanung

Die Kostenplanung sollte Ihnen Folgendes verraten:

- Welche Ausgaben haben wir im Unternehmen?
- In welchem Rhythmus und in welcher Höhe fallen die feststehenden

Kosten an? Wöchentlich, monatlich, vierteljährlich, halbjährlich, jährlich?

- Zu welchem Stichtag fallen sie an?
- Wie hoch sind die durchschnittlichen variablen Kosten in einem Monat?
- Fallen zu bestimmten Zeiten des Jahres besonders hohe Kosten an (z.B. in einem Saisonbetrieb)?

Wichtig ist bei den Zahlungsabgängen:

- Wie viele Tage oder Wochen bleiben Ihnen, um die offenen Rechnungen Ihrer Lieferanten zu bezahlen?
- Räumt Ihnen Ihr Lieferant bei kurzfristiger Zahlung ein Skonto ein? Betrachten Sie es als Zusatzrabatt und machen Sie unbedingt davon Gebrauch.

2. Absatzplanung

Zumindest für die vor Ihnen liegenden drei Monate sollten Sie einen Absatzplan erstellen. Daraus geht hervor, welche Produkte wann hergestellt bzw. welche Dienstleistungen wann erbracht sein sollen. Ermitteln Sie auch den dafür nötigen Aufwand wie Material, Mitarbeiter oder Reisekosten. In der Regel ist dieser Geldabfluss gleichmäßig über den Planungszeitraum verteilt. Dazu kommen Auszahlungen, die nur zu bestimmten Terminen fällig werden wie zum Beispiel Versicherungsprämien, Jahresbeiträge oder Kreditzinsen. Führen Sie diese Aufwendungen in dem Monat auf, in dem sie voraussichtlich fällig werden.

Wichtig ist bei den Zahlungseingängen:

- Wann können Sie Ihren Kunden für Produkte und Leistungen Rechnungen stellen?
- Welches Zahlungsziel haben Sie den Kunden eingeräumt?
- Ab wann können Sie realistischerweise damit rechnen, dass das Geld tatsächlich auf Ihrem Konto ist? Säumige Kunden gefährden Ihre Unternehmensexistenz. Mahnen Sie deshalb unverzüglich nach Überschreiten des Zahlungszieles.

3. Liquiditätsplanung

Die Liquiditätsplanung soll die betrieblichen Zahlungsströme aufzeigen und aufeinander abstimmen. Die Ausgaben entnehmen Sie Ihrem Kostenplan (1). Die Einnahmen können Sie auf Grund jahreszeitlicher Schwankungen und dem vielleicht unregelmäßigen Zahlungsverhalten Ihrer Kunden wahrscheinlich nur grob kalkulieren. Schätzen Sie anhand des Absatzplanes (2) den voraussichtlichen Umsatz. Aber seien Sie realistisch!

Liquididätsplan	J	F	M	A	M	J	J	A	S	O	N	D
1. Künftige Einzahlungen (inkl. MwSt.)												
1.1 Umsatz												
1.2 Sonst. Einzahlungen												
1.3 Summe Liquiditäts-Zugang												
2. Künftige Auszahlungen (inkl. MwSt.)												
2.1 Anlageinvestitionen												
2.2 Personal												
2.3 Material/Waren												
2.4 Betriebsausgaben												
2.5 Kredittilgung												
2.6 Zinsen												
2.7 Vorsteuer/Umsatzsteuer												
2.8 Einkommens-/Gewerbesteuer												
2.9 Privatentnahme												
2.10 Sonst. Auszahlungen												
2.11 Summe Liquiditäts-Abgang												
3. Liquiditätssaldo (1.3 minus 2.11)												
4. Liquiditätssaldo auflaufend (vorhergehend plus aktueller Monat)												
5. Finanzierung												
5.1 Eigenkapital												
5.2 Fremdkapital												

Dieser Liquiditätsplan steht für Sie auch zum Download im Internet bereit: www.kfw-mittelstandsbank.de.

Besser ist es: Sorgen Sie vor!

Wenn Sie befürchten, dass der Betrieb in eine finanzielle Klemme geraten könnte, dann sprechen Sie frühzeitig mit Ihrer Hausbank über die Möglichkeit eines Überbrückungskredites. Warten Sie nicht, bis Sie wegen der hohen Forderungsbestände Ihre verfügbare Kreditlinie vollständig ausgeschöpft haben.

Rotes Licht für Ihre Liquidität: Hierauf müssen Sie achten!

- Gehen Ihre Rechnungen unverzüglich und vollkommen korrekt nach Leistungserbringung heraus? Andernfalls kann der Kunde die Zahlung hinauszögern.
- Überwachen Sie wöchentlich die Zahlungseingänge?
- Wenn Kunden die Zahlungsfrist wiederholt und wesentlich überschreiten: Treffen Sie sofort eine Vereinbarung über Ratenzahlungen? Legen Sie das Kreditlimit neu fest? Oder liefern Sie nur noch Zug um Zug?
- Prüfen Sie die Bonität von Neukunden, z.B. durch Einholung einer Bank- oder Schufa-Auskunft?
- Sind Kunden, die ihr Kreditlimit erhöhen möchten, bereit, zu Ihrer Sicherheit eine Bankbürgschaft beizubringen?
- Weisen Sie in Ihren Geschäftsbedingungen auf die Ihnen vom Gesetz her zustehenden Verzugszinsen hin (30 Tage nach Fälligkeit der Rechnung) und machen Sie diese auch geltend?
- Betreiben Sie ein professionelles Mahnmanagement?

Wenn Ihr Kunde nicht zahlt: So kommen Sie an Ihr Geld

So etwas kommt öfter vor, als es Selbständigen lieb ist: Sie haben Ihren Teil der Vereinbarung erledigt, doch der Kunde zahlt trotzdem nicht. Dann stehen Ihnen verschiedene Wege offen, das fällige Geld einzutreiben – vom freundlichen Erinnerungsschreiben bis zum Vollstreckungsbescheid. Scheuen Sie sich nicht, Forderungen einzutreiben, nur aus Angst, einen Kunden zu verlieren. Denn wie lautet die Alternative? Ihr Geld geht verloren!

Inkasso:

Sie wollen Ihre Forderungen nicht selbst eintreiben? Dann beauftragen Sie damit einen Rechtsanwalt oder ein seriöses Inkassoinstitut. Die Gebühren dafür sind durchaus verhandelbar. Aber je länger Sie mit diesem Schritt warten, desto unwahrscheinlicher wird es, dass Sie Ihr Geld bekommen. Seriöse Inkasso-Unternehmen nennt Ihnen der Bundesverband Deutscher Inkasso-Unternehmen e.V. in Hamburg (Tel. 040/28 08 26-0 und www.inkasso.de).

Factoring:

Wenn es richtig eng wird, können Sie Ihre Außenstände an so genannte Factoring-Firmen abtreten. Die kaufen Ihre Forderungen, bezahlen den Gegenwert im Voraus und versuchen dann, die Außenstände vom Gläubiger einzutreiben. Damit übernehmen sie das Bonitäts- und Insolvenzrisiko des Kunden. Das lassen sich Institute selbstverständlich bezahlen. Die Faktorgebühr beträgt im Inlandsgeschäft in der Regel zwischen 0,5 und 1,5 Prozent des Bruttoumsatzes, im Exportgeschäft zwischen 1 und 3 Prozent. Der Vorteil für das Unternehmen, das seine Außenstände abtritt: Es ist schneller liquide und vor Forderungsausfällen voll geschützt. Kontakt: Deutscher Faktoring-Verband e.V., Rheinallee 3d, 55118 Mainz.

Schulzes Tagebuch: Gut gedacht – gut gemacht

„So blöd es auch klingt: Controlling kann richtig Spaß machen“, ist Fred Schulze überrascht. „Jedenfalls dann, wenn man genau weiß, warum und wofür man es betreibt.“ Er zieht eine verblüffende Parallele: „Im Grunde ist es ja so wie mit Weihnachten. Stress haben alle Jahre wieder immer nur die, die sich nicht früh genug damit beschäftigen.“ Übertragen aufs Geschäft bedeutet das: Wer sich beizeiten Gedanken macht, hat auch weniger Sorgen. „Ein guter Vergleich“, lobt Steuerberater Scheitel. Er erinnert Schulze an seine ersten Geschäftsjahre. Da bekam er von Scheitel jedes Jahr mächtig Dampf in Sachen Jahresabschluss, musste regelmäßig fehlende Belege suchen, die richtigen Ordner finden, oft sogar für teures Geld bei der Bank Kontoauszüge nachbestellen, weil die Originale einfach verschwunden waren. Doch während Schulze früher dachte, diese Art von Ärger gehöre nun mal zur Selbständigkeit, will er diesen „Weihnachtsstress“ im Betrieb künftig von vornherein ausschließen – und das nicht nur an Weihnachten.

Schulzes Ziele für das nächste Jahr sind nun klar formuliert. „Erstens will ich Umsatz und Gewinn steigern, zweitens meine Marktposition bei Privatkunden ausbauen und, drittens, unnötige Kosten runterfahren.“ Letzteres will er dank einer besseren Buchhaltungsvorbereitung erreichen. Außerdem sollen die Mitarbeiter weniger Privatfahrten mit dem Firmenkombi unternehmen. „Es sei denn, sie zahlen künftig auch den Sprit dafür.“ Auf diese Weise will der Installateur seinen Betrieb profitabler führen und mehr Eigenkapital aufbauen. „Als Liquiditätsreserve für schlechtere Zeiten oder für die Finanzierung von Investitionen oder eben als abgesicherten Einstieg in größere Projekte.“

Zum ersten Mal sieht Schulze, dass unternehmerischer Erfolg nicht nur von körperlicher Arbeit abhängig ist, sondern mindestens genauso von kaufmännischer Sorgfalt. Darum verzichtet er auch auf die Bewerbung um den städtischen Auftrag. Es siegt die nüchterne Erkenntnis: „Will nicht den gleichen Fehler machen wie der Elektro-Klingel. Lieber kleinere, dafür aber überschaubare Schritte als riskante Sprünge ins Unbekannte“, erklärt er seiner Frau Petra die neue Strategie.

Und noch etwas ist ihm jetzt klarer als zuvor: Beträchtliche Außenstände sind auch für kleine Handwerksbetriebe kein Naturgesetz. Bei aller Kundenorientierung muss man sich nicht alles gefallen lassen. Ein Blick auf die Zahlungseingänge im vergangenen Jahr hat ihm gezeigt: „Die Dauer von der Rechnungsstellung bis zur Überweisung liegt im Schnitt bei 43 Tagen. Deutlich zu viel. Das muss schneller gehen.“ Sein ehrgeiziges Ziel: In einem Jahr will er bei nur noch 30 Tagen liegen.

Seine Strategie hierfür heißt „Zuckerbrot und Peitsche“. Er bietet seinen Kunden ab sofort einen dreiprozentigen Preisnachlass, wenn sie die Rechnung innerhalb von zehn Tagen begleichen. Zudem beschließt Schulze, größere Forderungen künftig im Zweifel auch vom Inkassodienst eintreiben zu lassen. Dazu hat ihn nicht nur

Steuerberater Scheitel ermutigt. Auch Gespräche mit Unternehmerkollegen der Handwerkskammer haben gezeigt: „Auf diese Weise nehmen dich viele Kunden doch erst wirklich ernst und sehen in dir nicht mehr den einfachen Handwerker, sondern den Unternehmerprofi, der sein Auftragsmanagement von A bis Z beherrscht."
(Fortsetzung nach Kapitel 5)

5 Voll ausgebucht
Controlling hilft beim Auftragsmanagement

- Auftragsmanagement ist Chefsache
- Gute Geschäftsergebnisse = hohe Produktivität

Auftragsmanagement ist Chefsache

Wie schön für Sie, wenn Ihr Geschäft mit hoher Drehzahl läuft! Wenn Sie schon morgens früh nicht wissen, wo Ihnen vor lauter Arbeit der Kopf steht. Wenn Sie die fünfte Woche in Folge erst bei Einbruch der Nacht nach Hause kommen und nur noch ein Bier auf die Schnelle und danach sofort ins Bett wollen. Wenn Sie in den nächsten zwei Monaten keine Aussicht auf ein freies Wochenende haben und sogar der geplante Sommerurlaub ins Wanken gerät. „Mensch, freu' dich doch!", ermuntert Sie Ihr bester Freund. Sie jedoch würden am liebsten irgendwohin abtauchen, wo es kein Telefon, kein Fax und keinen E-Mail-Briefkasten gibt. Denn Sie fühlen sich erschöpft, müde, ausgebrannt – einfach fertig mit der Welt.

Just da erinnert Sie Ihre Liebste an den letzten Herbst: „Weißt du noch? Wochenlang stand das Telefon still, kein Kunde wollte etwas von dir. Du warst regelrecht verzweifelt und fürchtetest schon, deine Firma wegen Auftragsmangel schließen zu müssen. Jetzt hat sich endlich das Blatt gewendet, aber du bist immer noch unzufrieden. Ja, was willst du eigentlich?"

Ja, was wollen Sie eigentlich? Wenn Sie eine gleichförmige und geregelte 38,5-Stunden-Arbeitswoche mit Urlaubs- und Weihnachtsgeld, 28 Tagen bezahlte Ferien und Lohnfortzahlung im Krankheitsfall dem freien Unternehmerdasein vorziehen – bitte sehr, dann wickeln Sie Ihren Betrieb ab und suchen Sie sich einen Job. Hektische Wellenbewegungen im Geschäft sind nämlich für Ein-Mann-Firmen und Kleinbetriebe absolut typisch. Wenn es läuft, dann läuft es hochtourig, und wenn es nicht läuft, dann drehen Sie die meiste Zeit des Tages Däumchen. Wohl jeder Unternehmer träumt davon, seinen Betrieb gleichmäßig über das Jahr hin auszulasten, ohne Spitzen und Täler, 40 Stunden in der Woche arbeiten und danach 40 Arbeitsstunden fakturieren und bezahlt bekommen – perfekt. Häufig bleibt es bei dem Traum. Denn wie bekommen Sie das hin? Schließlich können Sie Ihre Kunden nicht zwingen, in auftragsstarken Phasen auf Ihre Dienste zu verzichten und stattdessen in den Saure-Gurken-Zeiten zu Ihnen zu kommen.

Die Lösung des weit verbreiteten Problems heißt *Auftragsmanagement* und *Kapazitätsplanung*. „Management" bedeutet: Das ist Chefsache, und das Wort „Planung" verrät, dass es um ein Controlling-Thema geht. Beides gewinnt noch größere Brisanz, wenn Sie einen modernen Handwerksbetrieb mit mehreren Monteuren oder Kundendienstmitarbeitern führen. Dann müssen Sie nämlich dafür sorgen, dass Ihre gut bezahlten Leute regelmäßig beschäftigt sind und über geleistete Arbeit die Lohnkosten wieder einspielen.

Wie hätten Sie's denn gern – PC-Programm oder Auftragsbuch?

Ihr Auftragsmanagement beginnt damit, dass Sie jede Kundenanfrage und jeden Auftrag schriftlich festhalten. Das geht ohne großen bürokratischen Aufwand: In jedem Computerladen bekommen Sie heute eine entsprechende *Anwendungssoftware für den PC*. Leider sind die meisten dieser Programme für Kleinbetriebe viel zu komplex und mit allerhand Schnickschnack überladen, den Sie nie brauchen werden.

Außerdem müssen Sie Ihr computergestütztes Auftragsmanagement konsequent pflegen, was bedeutet: Alle Anfragen und erteilten Aufträge sind lückenlos zu erfassen. Wenn Sie tagsüber unterwegs sind und telefonische Anfragen oder solche zwischen Tür und Angel bekommen, dann sollten Sie sofort nach Ihrer Rückkehr ins Büro die Daten eingeben. Sonst droht Gefahr, dass Ihnen in der Hektik des Tages etwas durch die Lappen geht.

Am Anfang genügt Ihnen vielleicht die klassische Variante: Sie notieren alle Kundenanfragen und Aufträge in einem handelsüblichen *Auftragsbuch*. Es hat den unbestreitbaren Vorteil, dass Sie es bei Außenterminen leicht mit sich führen und sofort alles Wichtige darin notieren können. Diese Angaben sind Pflicht:

- Name, Adresse, Telefon- und ggf. Faxnummer des Kunden (in spe)
- Datum der Kontaktaufnahme und bei neuen Kunden: Warum wendet man sich gerade an Sie? Woher von Ihnen gehört bzw. von wem empfohlen?
- Art und Umfang des zu erwartenden Auftrages
- der Auftragszeitraum bzw. das Datum, bis zu dem der Auftrag erledigt werden soll sowie
- zumindest in Stichworten, was Sie dem Kunden gesagt haben:
  - „Ich komme morgen bei Ihnen vorbei." (Uhrzeit?)
  - „Gern, aber erst übernächste Woche." (Genaues Datum?)
  - „Das wird kompliziert. Ich rechne und faxe Ihnen ein Angebot." (Bis wann?)
  - „Kann ich leider nicht. Bin die nächsten Wochen voll ausgebucht." (Könnte es sinnvoll sein, sich dem Kunden später erneut in Erinnerung zu bringen?)

So behalten Sie den Überblick!

Üben Sie sich darin, wirklich jede Anfrage und jeden noch so kleinen Auftrag schriftlich festzuhalten. Es macht Ihnen die Planung Ihrer Arbeit leichter und erinnert Sie daran, nach vollbrachtem Werk die Rechnung zu schreiben. Außerdem bekommen Sie mit der Zeit einen exzellenten Überblick darüber, (a) mit welchen Aufträgen man bevorzugt zu Ihnen kommt, (b) welche Werbeträger bzw. Empfehlungen Ihnen die meisten Kunden bringen, und (c) wer Ihre Kernzielgruppe im Markt ist. Dieses Wissen macht Ihr Marketing erfolgreicher.

Überbuchen Sie sich nicht!

Alle Aufträge schwarz auf weiß zu dokumentieren garantiert Ihnen noch eines: Nämlich keinen Termin ganz einfach zu verschwitzen. Hand aufs Herz: Haben Sie noch nie einen Kunden umsonst warten lassen? So etwas kommt bei Handwerkern und anderen Dienstleistern leider immer wieder vor – aber bei den Kunden kommt so etwas überhaupt nicht gut an.

Denen ist es nämlich völlig egal, dass Sie gestern in aller Eile acht Kundentermine ausgemacht haben, wobei Sie hätten wissen müssen, dass Sie höchstens sechs schaffen. Ganz schlecht ist es, noch nicht einmal anzurufen und sich zu entschuldigen. Demjenigen, der Sie empfohlen hat, wird der potenzielle Kunde aber etwas erzählen! Falls er Ihre Firma schlichtweg aus dem Branchenbuch herausgepickt hat, dann können Sie ziemlich sicher sein, dass Ihr Name für alle Zukunft mit einem dicken Strich durchzogen sein wird. Weiterempfehlen wird er Sie ganz bestimmt nicht.

Kapazitätsplanung

Gut, vor solch bösen Folgen schützen Sie sich hoffentlich durch das schriftliche Festhalten aller erteilten Aufträge. Jetzt muss der Planer in Ihnen wach werden: Was erledigen Sie als erstes, was als zweites, was als drittes ...? Wenn Sie den Zeitaufwand für Ihre Arbeiten gut geschätzt haben und wenn Ihnen die Aufträge einen gewissen Flexibilitätsspielraum eröffnen, dann arbeiten Sie alle Jobs nacheinander ab. Das ist die leichtere Übung. Doch nehmen wir an, Sie haben aus irgendwelchen Gründen mehr Aufträge angenommen, als Sie im selben Zeitraum bewältigen können. Dann müssen Sie Prioritäten setzen. Hierbei hilft Ihnen eine bewährte Arbeitstechnik:

Die ABC-Analyse

Ursprünglich stammt die ABC-Analyse aus der Materialwirtschaft. Sie kann aber auch allgemein eingesetzt werden, um das Verhältnis zwischen Aufwand und Ertrag aufzuzeigen, und hilft, Wesentliches vom Unwesentlichen zu unterscheiden. Daraus können Sie Ihre Schlüsse ziehen, zum Beispiel also Aufträge priorisieren und die Reihenfolge der Erledigung bestimmen. Und so einfach geht es:

1. Ordnen Sie Ihre Aufträge nach ihrer *wirtschaftlichen Bedeutung für Ihr Unternehmen* einer der folgenden Klassen zu:

   A: wichtig / hochwertig / umsatz- und gewinnstark

   B: mittelwichtig / mittelwertig / mittlere Umsatz- und Gewinnstärke

   C: weniger wichtig / niedrigwertig / umsatz- und/oder gewinnschwach

2. Ordnen Sie anschließend nach der *Eilbedürftigkeit* (Dringlichkeit) der Aufträge:

   1: sehr eilig / am besten gestern erledigt

   2: mittlere Dringlichkeit / hat Zeit bis nächste Woche

   3. weniger eilig / kann später gemacht werden

Jeder Ihrer Aufträge trägt jetzt eine der folgenden Klassifizierungen: A1, B1, C1 oder A2, B2, C2 oder A3, B3, C3. Diese bestimmt, in welcher Reihenfolge Sie Ihre Aufträge abarbeiten:

- Als erstes planen Sie die *A-Aufträge* ein in der Reihenfolge A1, A2, A3
- Danach prüfen Sie bei den *B1- und B2-Aufträgen*, ob Sie Teile davon an einen Mitarbeiter, einen mithelfenden Familienangehörigen oder einen Ihnen freundschaftlich verbundenen Kollegen (gegen branchenübliche Entlohnung!) weitergeben können.
- Anschließend (bzw. wenn Sie nicht delegieren können, weil nur Sie für diese Arbeit qualifiziert sind) planen Sie die *B-Aufträge* in der Reihenfolge B1, B2, B3 zur Bearbeitung ein.
- Zum Schluss planen Sie die *C-Aufträge* ein.

Angesichts derer sollten Sie sich ernsthaft überlegen, warum Sie überhaupt Aufträge der Kategorie C3 angenommen haben: Betriebswirtschaftlich haben sie wenig bis keinen Sinn, und da sie auch nicht drängen, sind kaum gewinnträchtigere Folgeaufträge zu erwarten. Also lassen Sie besser in Zukunft die Hände davon – es sei denn, Sie sitzen ansonsten untätig herum oder können mit diesen Aufträgen Ihr Renommee verbessern („Auftrag ehrenhalber“).

Orientieren Sie sich am „Pareto-Prinzip“

Bei der Anwendung der ABC-Analyse stellt man stets fest, dass ein mengenmäßig kleiner Teil (hier: der Aufträge) einen sehr hohen Wertanteil besitzt (Klasse A). Dies wird oft mit der 80/20-Regel (auch „Pareto-Prinzip“ genannt) in Verbindung gebracht. Sie lautet, stark vereinfacht gesagt: „Um 80 Prozent Ertrag zu erzielen, ist (nur) 20 Prozent Aufwand nötig“.

Auf das Auftragsmanagement bezogen heißt die Aussage: „80 Prozent von Umsatz und Gewinn werden mit 20 Prozent aller Aufträge erzielt" – eben den A-Aufträgen. Prüfen Sie deshalb genau, welche Aufträge Sie zu welchen Bedingungen annehmen.

Wie stellen Sie fest, dass sich ein Auftrag „nicht rechnet"?

Bevor Sie einen Auftrag annehmen, müssen Sie Ihre Kosten und Ihren Gewinnaufschlag kalkulieren (vgl. Kapitel 3). Grundsätzlich gilt: Aufträge, die Ihnen keinen Gewinn einbringen, lohnen sich nicht. Ihr Endpreis muss die direkten (= auftragsbezogenen) Kosten plus einen Zuschlag für die stets fälligen Gemeinkosten plus eine Gewinnmarge für Ihr unternehmerisches Risiko abdecken. Wenn Ihnen das nicht gelingt – weil die Konkurrenz zu geringeren Preisen anbietet, weil Sie Mitleid mit dem knappen Budgets des Kunden haben, weil Sie Ihr Material zu überhöhten Preisen einkaufen oder aus einem anderen Grund –, dann machen Sie mit diesem Auftrag Verlust. Im Klartext: Sie schenken dem Kunden einen Teil Ihres Eigenkapitals.

Mit eben diesem streng betriebswirtschaftlichen Argument – freundlich, aber bestimmt vorgebracht – können Sie jeden nichtprofitablen Auftrag ablehnen. Ob das Ihr Kunde einsieht oder nicht, sollte Ihnen als Firmenchef gleichgültig sein. Sie müssen Ihren Gewinnanteil zum Ausgleich für das von Ihnen eingegangene unternehmerische Risiko haben. Punkt. Bei 99 Prozent aller Aufträge jedenfalls. Für Familienmitglieder oder sehr gute Freunde können Sie ausnahmsweise zu „Selbstkosten" anbieten, also nur das in Rechnung stellen, was Sie selbst für Ihr Personal und die eingesetzten Roh-, Hilfs- und Betriebsstoffe bezahlen müssen. Wie gesagt: ausnahmsweise.

Bei sehr starkem Wettbewerb in Ihrer Branche bemüht sich „König Kunde" nicht selten, das Letzte aus Ihrem Angebot herauszuholen. Meist wird zuerst am Preis gemäkelt. Falls Sie standhaft bleiben, wird er versuchen, einen kostenlosen Zuschlag zur vereinbarten Leistung bekommen. Etwa so: „Aber den kleinen Fliesenspiegel über dem Waschbecken im Gäste-WC machen Sie doch mit links, nicht wahr?" Irrtum: Sie machen das mit rechts und links, weil Sie Ihr Handwerk gelernt haben und keinen Pfusch abliefern. Überlegen Sie, wie viel Zeit Sie für die zusätzliche Aufgabe brauchen und rechnen Sie Ihre Arbeitsstunden in

Euro und Cent um. Wenn Sie es sich leisten können, diese Summe zu verschenken, fein. Wenn nicht: Dann tun Sie es auch nicht.

Eine Hand wäscht die andere – Aber beide sollten sauber bleiben

Machen Sie stattdessen dem Kunden ein anderes Angebot. Zum Beispiel drei Prozent Skonto bei sofortiger Barzahlung nach Erledigung des Auftrages. Oder zwei Prozent bei Begleichung der Rechnung binnen zehn Tagen. Davon haben Sie beide nämlich etwas. Ihr Kunde bekommt die Leistung billiger, und Sie bekommen Ihr Geld schneller. Mit dem verringern Sie entweder Ihren Minussaldo auf dem Geschäftskonto oder Sie legen es zinsbringend an.

Gutes Auftragsmanagement erkennt man übrigens daran, dass es Ihnen trotz ausgefeilter Planung immer noch einen winzigen Spielraum für kurzfristige Aufträge offen hält. Grundsätzlich geht es keinem Kunden schnell genug, aber manche haben es immer ganz eilig. „Wenn Sie mich diese Woche noch dazwischen schieben können, wird es sich für Sie lohnen", wird mit dem Zaunpfahl gewinkt. Das heißt: Sie könnten einen höheren Preis erzielen, wenn Sie Ihre Auftragsplanung für einen Augenblick außer Kraft setzen und diesem Kunden den Vortritt ließen. Überlegen Sie gut, ob Sie das tun sollten. Wägen Sie den raschen Profit ab gegen die Verärgerung Ihres anderen Kunden – denjenigen, den Sie zugunsten des Dränglers versetzen müssten. Empirische Studien haben bewiesen, dass Klagen über ein Unternehmen im Markt *sieben Mal schneller* die Runde machen als ein Lob. Ist ja auch menschlich: Wenn etwas so läuft, wie wir wollen, betrachten wir das gern als selbstverständlich und verlieren darüber kein Wort. Geht aber etwas schief, dann sind wir schnell mit Anklagen und Vorhaltungen dabei.

Möglichst alles mitnehmen – Aber um jeden Preis?

Wenn Sie als Einzelkämpfer erfolgreich im Geschäft sind, wird zwar jeder verstehen, dass Sie sich nicht zerteilen können. Trotzdem möchte jeder Kunde, insbesondere jeder Stammkunde, so schnell und so gut wie möglich von Ihnen bedient werden. Sie selbst wollen das ja auch. Aber was machen Sie, wenn Sie schon seit Wochen am Anschlag arbeiten, Ihre Kapazitäten für die kommenden Wochen total erschöpft sind und just in diesem Augenblick ein Wahnsinnsauftrag an Sie herangetragen wird? Umfangreich, gut fürs Image und gleichzeitig extrem profitabel?

An dieser Stelle können Sie beweisen, wie souverän Sie sind. Nicht, indem Sie schlankweg ablehnen: Das wäre wirtschaftlich unklug. Viel besser ist es, das Auftragsbuch heranzuziehen und zu prüfen, ob Sie einen anderen, minder wichtigen und vielleicht auch weniger einträglichen Job durch einen Kollegen erledigen lassen. Der dazugehörige Fachbegriff lautet: Outsourcing.

Das Kunstwort kombiniert die Begriffe „outside" (außen) und „resourcing" (Beschaffung) und bezeichnet die Strategie, externe Dienstleister mit betrieblichen Aufgaben zu betrauen. Beliebte Outsourcing-Themen über alle Wirtschaftszweige hinweg sind Reinigungsarbeiten, die Buchhaltung und die Datenverarbeitung.

Outsourcing kann riskant sein!

Nichts ist dagegen zu sagen, wenn Sie solche Arbeiten auslagern, die nicht zu Ihrem Kerngeschäft gehören. Doch nehmen wir mal an, Sie haben sich als begabter Schreiner auf ungewöhnliche und schwierige Arbeiten für private Kunden spezialisiert und darin einen hervorragenden Ruf weit über die Grenzen Ihrer Heimatstadt erworben. Kaum jemand kann es mit Ihnen aufnehmen, außer vielleicht dem Kollegen Müller, der aber bisher nur als Sublieferant für ein, zwei große Baufirmen tätig ist. „Kein Konkurrent für mich", glauben Sie und fragen Müller, ob er Zeit hätte, einen Auftrag für Sie zu übernehmen, sagen wir: für einen neu am Ort niedergelassenen Arzt ein Treppengeländer im Landhausstil zu bauen. Über die Konditionen einigen Sie sich schnell. „Aber merk' dir, Müller, du arbeitest hier für meine Firma. Das ist mein Kunde", schieben Sie noch rasch nach. Müller macht. Anschließend schickt Müller Ihnen seine Rechnung, der Kunde bezahlt prompt. Nach ein paar Wochen fällt Ihnen ein, dass der Doktor ursprünglich doch noch einiges mehr an Ausbauarbeiten angekündigt hatte. Wo bleibt der Auftrag? Sie rufen an und erkundigen sich. „Wissen Sie, „antwortet der Arzt freundlich, „ich war so zufrieden mit der Arbeit Ihres Kollegen Müller, dass ich ihm die restlichen Sachen auch gegeben habe. Schließlich kennt er sich hier im Haus ja nun schon aus."

Zack. So etwas kann Ihnen auch passieren. Also überlegen Sie besser zweimal, bevor Sie einen ebenso versierten Fachmann, wie Sie selbst einer sind, zu einem neuen Kunden schicken. Gegen „Kundenklau“ ist kein Dienstleister gefeit. Es hätte sogar noch schlimmer kommen können! Wenn Müller wider Erwarten miserabel gearbeitet und den Kunden verärgert hätte, wäre das auf Ihre Firma zurückgefallen und nicht auf die von Müller. Sie hätten dann sicher eine ganze Zeit lang damit zu tun, Ihren guten Ruf wiederherzustellen.

Bei Kundenaufträgen sollten Sie immer zuerst versuchen, sich durch (mit den Kunden vereinbarte!) Umschichtung Ihrer Arbeiten soviel Spielraum zu verschaffen, um den unvermittelt vor der Tür stehenden Auftrag auch noch mitnehmen zu können. Erkundigen Sie sich dazu bei Zeitarbeitsunternehmen, die gibt es für kaufmännische und für gewerbliche Arbeitnehmer, nach verfügbaren Fachkräften. Erst wenn Sie keinen Auftrag verschieben und keinen Mitarbeiter auf Zeit anheuern können, können Sie mit gutem Unternehmergewissen ablehnen.

Mitarbeiter-Einsatzplanung

Ohne eine grundsolide Auftragsplanung werden Sie kaum in ruhigeren Fahrwassern segeln, ob Sie nun allein arbeiten oder ob Sie mehrere Mitarbeiter beschäftigen. Der Unterschied ist nur, dass Sie dann als Chef oder Chefin für Ihre angestellten Kräfte mitplanen müssen. Erstens kann nicht jeder alles, zweitens macht längst nicht jeder alles so gut wie der Kollege. Sie müssen Ihre Auftragsplanung deshalb um eine weitere Dimension – das Können und Wollen Ihrer Mitarbeiter – ergänzen.

Dazu brauchen Sie ein genaues Bild der Fähigkeiten („Ich kann“) Ihrer Leute, ihrer Motivation („Ich will“) und deren Kompetenzspielräume („Ich darf“). Was jeder Einzelne zu leisten vermag und zu leisten bereit ist, sollte Ihnen als Fachmann bzw. Fachfrau schnell klar sein. Was Ihre Mitarbeiter dürfen, bestimmen zum Teil das Gesetz (Auszubildende! Schwangere! Gesundheitlich Beeinträchtigte!), zum Teil Sie selbst. Dass Sie einen Lehrling oder einen frisch eingestellten Gesellen zum Beispiel nicht an hochkomplexe Arbeiten setzen, ist selbstverständlich. Dass Sie einen Mitarbeiter, der mit einem Ihrer guten Kunden absolut nicht zurecht kommt, weil die beiden menschlich nicht miteinander können, nicht gerade zu ihm schicken, ist ebenso klar.

Dies alles zu wissen, ist wichtig für Ihre Auftragsplanung. Sie können damit abschätzen, wie lange jeder Einzelne für seine Arbeit braucht.

Doch wie stellen Sie fest, wie produktiv in Ihrem Unternehmen gearbeitet wird?

Gute Geschäftsergebnisse = hohe Produktivität

Produktiv im wirtschaftlichen Sinne ist ein Arbeitsablauf oder ein Prozess immer dann, wenn er ein Produkt oder eine Dienstleistung hervorbringt, dessen Wert höher ist als seine Kosten. Wie produktiv dieser Ablauf ist, bemisst sich daran, in welcher Zeit und mit welchem Einsatz von Produktionsfaktoren (Arbeit, Boden, Kapital, Informationen) das gewünschte Ergebnis erreicht wird. Hierbei spielt der teure Produktionsfaktor Arbeit eine herausragende Rolle.

Unproduktiv ist ein Arbeitsablauf immer dann, wenn er über die eingesetzten Mittel, also Arbeitskraft und Geld, hinaus keinen zusätzlichen Wert für den Betrieb schafft. Nach dem heutigen Verständnis aber ist ein Arbeitsablauf schon dann unproduktiv, wenn er die *möglichen* wirtschaftlichen Erfolge nicht erzielt. Und das sagt uns – Sie ahnen es schon – das Controlling.

Die Betriebswirtschaftliche Auswertung Ihres Steuerberaters liefert regelmäßig Berichte über die Erfolge Ihres Unternehmens. Anhand der betriebswirtschaftlichen Kennzahlen (mehr dazu ab Seite 53) können Sie unter Umständen sogar sehen, wie es um die einzelnen Betriebsteile in der letzten Geschäftsperiode bestellt war. Der große Nachteil der Buchhaltung ist aber, dass die nur die Zahlen aus der Vergangenheit widerspiegelt. Aus dem Rechnungswesen allein lässt sich nicht mit einem Blick erkennen, was gerade jetzt besser gemacht werden könnte. Trotzdem sollten Sie die Daten aus der Buchhaltung aufmerksam verfolgen und schon bei ersten Hinweisen auf eine Verschlechterung der Situation die geeigneten Maßnahmen ergreifen.

Zahlreiche Untersuchungen belegen, dass ineffiziente Prozesse zu den größten Produktivitätsfressern in deutschen Betrieben gehören.

Dass Sie selbst hochproduktiv am Werke sind, nehmen wir an. Schließlich geht es um *Ihr* Geld. Aber wissen Sie eigentlich, was Ihre Mitarbeiter den lieben langen Tag so treiben? „Dumme Frage!“ werden Sie sagen, „schließlich bin ich ihr Vorgesetzter. Natürlich weiß ich, was die Leute zu tun haben.“

Natürlich wissen Sie das! Aber wissen Sie auch, was Ihre Mitarbeiter *wirklich* tun? Wissen Sie, aus welchen einzelnen Tätigkeiten sich die Arbeitstage Ihres Vorarbeiters, Ihrer Bürokraft oder des Kundendiensttechnikers zusammensetzen?

Um beurteilen zu können, ob Ihr Betrieb produktiv arbeitet, müssen Sie sich darüber im Klaren sein, was von wem wie in welchem Zeitraum zu leisten ist. Die entscheidende Frage ist, wie diese Vorgaben tatsächlich hier und heute umgesetzt werden. Und, nichts für ungut, ob Sie sich selbst auch daran halten ...

Die Soll-Arbeitsabläufe Ihres Betriebs werden Sie wahrscheinlich aus dem Ärmel schütteln können. Den Ist-Zustand – und der ist für die Produktivität entscheidend – müssen Sie selbst ermitteln. Dies geschieht am besten, indem Sie systematisch die tatsächlichen Arbeitsabläufe ermitteln. Dies kann sowohl durch kritische (Selbst-)Beobachtung passieren als gesprächsweise mit Ihren Mitarbeitern.

Hier gilt besonders: Lassen Sie sich häufig an den Arbeitsplätzen Ihrer Mitarbeiter sehen. Dabei werden Sie verblüffende Feststellungen machen. Allein durch die zeitweilige Beobachtung Ihrer Mitarbeiter bei der Arbeit werden Sie manche überraschende Sofortlösung entdecken, die Ihnen am „grünen Tisch“ nie in den Sinn gekommen wäre. Zudem bieten sich Ihnen bei dieser Gelegenheit viele Anknüpfungspunkte für vertiefende Fragen, die Ihr Verständnis für die inneren Zusammenhänge Ihres Betriebes und auch für die Situation Ihrer Mitarbeiter („Ich will“, „Ich darf“) erhöhen werden.

Genau in dieser Frage liegt die Grundidee des Business Process Reengineering (übersetzt etwa: Optimierung der Geschäftsprozesse), das in den 90-er Jahren wahre Siegeszüge in Deutschland feierte. Zuerst haben sich die Großunternehmen seiner bedient, dann der Mittelstand, und jetzt weiß man, dass auch Freiberufler und Ein-Personen-Firmen davon profitieren können. Die Methode: Jeder einzelne Arbeitslauf wird Schritt für Schritt auf mögliche Schwachstellen hin untersucht:

- Liefert der Prozess einen direkten *Nutzen* für den Kunden oder die nachgelagerte Produktionsstufe im Betrieb?

Wenn die Antwort „Nein“ heißt: Warum machen wir das dann überhaupt?

- Erhöht der untersuchte Ablauf den *Wert* unserer Produkte oder Dienstleistungen? Können wir dank dieses Schrittes dafür mehr Geld erzielen?

Wenn die Antwort „Nein“ heißt: Aus welchen Gründen halten wir eigentlich noch daran fest?

- Würde sich irgendetwas nachteilig verändern, wenn es diesen Ablauf überhaupt *nicht gäbe*?

Wenn die Antwort „Nein“ heißt: Warum streichen wir diesen Prozessschritt dann nicht einfach?

- Wenn ich den Betrieb noch einmal *ganz von vorne aufbauen* könnte, würde ich dann diesen Ablauf noch genauso gestalten wie heute?

Wenn die Antwort „Nein“ heißt: Was sollte ich also verändern?

Das heißt für Sie als Chef oder Chefin: Wenn Sie Produktivitätsfallen entdecken und beseitigen wollen, dann nehmen Sie sich ein Reengineering-Programm vor!

So erkennen und beseitigen Sie unproduktive Arbeitsabläufe

Schritt 1: Machen Sie einen Selbst-Test

Mit dem folgenden Test können Sie herausfinden, ob sich in Ihrem Betrieb unproduktive Arbeitsabläufe eingeschlichen haben. Tipp: Legen Sie ihn auch Ihren erfahrenen Mitarbeitern vor und bitten Sie sie um ihre Meinung!

Selbst-Test:

Gibt es bei uns unproduktive Arbeitsabläufe oder Bürokratismus?

- Hat sich der Zeitaufwand für die Produktion eines bestimmten Gutes oder die Bereitstellung einer bestimmten Dienstleistung in der letzten Zeit erhöht? Was sind die Gründe? Lässt es sich auf die Arbeitsleistung einzelner Mitarbeiter zurückführen? Kann es an mir selbst liegen?
- Sind die Wettbewerber schneller als wir? Warum?
- Beschweren sich die Kunden, sie würden von uns zu langsam bedient?
- Sind die Mitarbeiter regelmäßig überlastet? Kann die anfallende Arbeit nur noch mit Hilfe von Überstunden oder Zusatzkräften geleistet werden, obgleich die Anforderungen nicht auffallend gestiegen ist?
- Haben wir die Betriebsabläufe seit mindestens einem Jahr nicht mehr untersucht?
- Klagen die Mitarbeiter über zu hohen Aufwand für die Verwaltung?

Wenn Sie auch nur eine einzige der vorstehenden Fragen bejahen, deutet dies zumindest darauf hin, dass die Arbeitsabläufe in Ihrem Betrieb unproduktiv und verbesserungsbedürftig sind. Eventuell sind einzelne Arbeitsabläufe mittlerweile sogar überflüssig geworden?

Wenn Ihre Ergebnisse mit denen Ihrer Mitarbeiter übereinstimmen, lähmen mit hoher Wahrscheinlichkeit unproduktive Arbeitsabläufe den Betrieb und Sie können sich sofort an die Arbeit machen, die Produktivitätsfallen aufzuspüren. Wenn Sie und Ihre Mitarbeiter aber zu unterschiedlichen Resultaten kommen, dann müssen Sie genauer hinschauen. Denn dann lautet die Kernfrage: Warum sehen Sie Schwachstellen im Prozess, die Ihren Mitarbeitern (noch?) nicht aufgefallen sind?

Schritt 2: Befragen Sie Ihre Kunden

Befragen Sie mündlich oder telefonisch die wichtigsten Kunden Ihres Unternehmens. Das können Firmen sein, denen Sie Produkte oder Leistungen zuliefern, oder auch Privatkunden, für die Sie häufiger arbeiten. Fragen Sie, wie zufrieden die Kunden mit Ihren Leistungen, mit Ihrer Arbeitsgeschwindigkeit und mit der Qualität Ihrer Arbeit sind. Geben Sie sich nicht nur mit den erfreulichen Antworten zufrieden, sondern achten Sie bei der Auswertung besonders auf Hinweise, die Unzufriedenheit andeuten.

Schritt 3: Handeln Sie

Jetzt vergleichen Sie Ihre eigene Diagnose und die Ihrer Mitarbeiter mit den Ergebnissen der Kundenbefragung. Wenn Ihre Resultate mit den Äußerungen der Kunden übereinstimmen und klare Defizite erkennen lassen, dann ist höchste Zeit zum Handeln! Denn wenn nicht schnell etwas passiert, werden selbst die heute noch zufriedenen Kunden bald unzufrieden werden.

Schritt 4: Lassen Sie Ihre Mitarbeiter mitdenken

Rufen Sie Ihre Mitarbeiter zusammen – das muss nicht länger dauern als eine halbe Stunde – und präsentieren Sie ihnen die Ergebnisse aus den Schritten 1 und 2. Fordern Sie sie auf, Verbesserungsvorschläge zu machen. Räumen Sie Ihnen dafür ruhig eine Woche Zeit ein: Rom wurde auch nicht in einem Tag erbaut. So gewinnen Sie weitere Erkenntnisse und Anregungen von Ihren Mitarbeitern, die die Abläufe genau kennen, und schwören gleichzeitig alle Beteiligte auf Ihr Reengineering-Programm ein.

Schritt 5: Tragen Sie die Ideen zusammen und werten Sie aus

Sichten und prüfen Sie alle Änderungsvorschläge und Gegenentwürfe zu den gegenwärtig praktizierten Abläufen. Bewerten Sie die Ideen nach folgenden Kriterien:

- Ist der Vorschlag technisch durchführbar?
- Haben wir die dazu nötigen Ressourcen (Personal, Maschinen, Methoden)?

- Bewirkt die Änderung konkrete und messbare Vorteile im Hinblick auf Zeitgewinn, Qualitätsverbesserung, Kostenersparnis und Erhöhung der Kundenzufriedenheit?
- Können wir den Vorschlag aus eigener Kraft umsetzen? Verursacht externe Hilfe Kostenaufwand? Voraussichtlich in welcher Höhe?
- Ist die Idee in kurzer Zeit realisierbar? Bis wann?
- Muss hier der Unternehmer selber ran? Oder wer kümmert sich sonst darum?

Schritt 6: Setzen Sie die Maßnahmen schrittweise um

Nach dieser Vorbereitung können Sie daran gehen, die Erfolg versprechenden Maßnahmen praktisch umzusetzen. Denken Sie immer daran, dass Sie ggf. die am jeweiligen Arbeitsablauf beteiligten Mitarbeiter einbeziehen. Beginnen Sie bei der Realisierung mit solchen Maßnahmen, die am einfachsten umzusetzen sind. Das führt Ihren Mitarbeitern schnell die Erfolge vor Augen und motiviert sie zu weiteren Anstrengungen. Für etwaige Abweichungen von Ihrem Plan sollten Sie stets offen bleiben, insbesondere dann, wenn aus dem Kreise der Mitarbeiter zwingende Argumente für solche Änderungen vorgetragen werden.

Schritt 7: Überprüfen Sie die Erfolge

Wenn Sie Ihr Reengineering-Programm abgearbeitet haben, prüfen Sie, ob jeder Mitarbeiter die neuen Abläufe kennt und weiß, warum die Änderung eingeführt worden ist.

Nehmen Sie sich nun Ihren Selbst-Test aus Schritt 1 noch einmal hervor und wiederholen Sie ihn. Sind Sie damit zufrieden?

Die größte Produktivitätsfalle lauert hinter dem Gedanken, es genüge völlig, die Prozesse im eigenen Bereich ein für alle Mal reorganisiert zu haben. Denn mit der Zeit schleichen sich überall neue „heilige Kühe" ein, die sich auf Kosten Ihrer Produktivität satt fressen! Wiederholen Sie deshalb in regelmäßigen Abständen Ihr Reengineering-Programm.

Schulzes Tagebuch: Mundfunk schlägt Rundfunk!

Das neue Konzept zeigt schnell Wirkung. Zur Erreichung seines Zieles „Marktanteil bei Privatkunden ausbauen“ hat Schulze Werbeprospekte in einem Wohngebiet mit vielen Einfamilienhäusern aus den 70er Jahren verteilen lassen. Clever denkt er: „Hier gibt es im Installationsbereich sicher jede Menge Instandsetzungsbedarf.“ Ein Volltreffer. Schon nach den ersten vier, fünf zur Kundenzufriedenheit erledigten Aufträgen sprach sich Schulzes handwerklich saubere und kaufmännisch gut kalkulierte Arbeit im Viertel herum.

Ergebnis: Jetzt hat Schulze jede Menge Stress. Und bei aller Freude über die gelungene Aktion muss er nun richtig aufpassen, um nicht in arge Terminschwierigkeiten zu geraten. Sein Ruf als zuverlässiger Dienstleister ist ihm heilig. Schulze weiß um den Wert von Empfehlungen. In einer Broschüre der Handwerkskammer hat er einmal gelesen: „Mundfunk schlägt Rundfunk.“ Mit anderen Worten: Es gibt keine bessere und preisgünstigere Werbung als die Mund-zu-Mund-Propaganda zufriedener Kunden.

Darum überlegt sich Schulze, wie er die momentanen Auftragsspitzen glätten kann. „Weitere Mitarbeiter einstellen? Noch zu unsicher. Mit einem Konkurrenten womöglich gemeinsame Sache machen? Noch unsicherer.“ Auf eine wirklich praktikable Idee brachte ihn jedoch der befreundete Bäckermeister Schneider: „Schau doch erstmal, ob du ein paar gute Zeitarbeiter findest“, hatte der ihm beim letzten Donnerstags-Stammtisch geraten. „Die musst du nur bezahlen, solange du sie dem Kunden über Aufträge weiterberechnen kannst. Und wenn du mit einem Zeitarbeiter aus irgendwelchen Gründen nicht klarkommst, dann schickt dir seine Zentrale einen anderen. Mit Sozialversicherung und dem ganzen Behördenkram hast du nix zu tun. Das mache ich in Backstube, Verkauf und Auslieferung in der Weihnachtszeit immer so. Wenn es neben dem Tagesgeschäft losgeht mit Stollen, Plätzchen, Lebkuchen und Spekulatius.“

„Prima Idee“, denkt Schulze und macht sich im Internet zum Thema Zeitarbeit schlau. Dabei hilft ihm vor allem die Homepage des

Bundesverbandes Zeitarbeit e.V. (www.bza.de). Außerdem telefoniert er mit örtlichen Anbietern. Und ob sich das am Ende rechnet, will Schulze jeden Monat mit Steuerberater Scheitel anhand seiner Betriebswirtschaftlichen Auswertung besprechen. „Besser früh Bescheid wissen als später böse aufwachen."

Alles geht recht schnell und unkompliziert. Schon am nächsten Montag wird sich bei ihm ein Mitarbeiter der Zeitarbeitsfirma vorstellen. „Das ist ja fast schon ein Personalmanagement wie im Großunternehmen", staunt Schulze beim nächsten Stammtisch gegenüber Bäcker Schneider. „Klar", sagt der. Und weiter: „Abgucken bei den Großen lohnt sich aber auch in anderen Fällen." *(Fortsetzung nach Kapitel 6)*

6 Klein ist fein
Aber gucken Sie den Großen ruhig etwas ab

- Lernen Sie ein paar Vokabeln Management-Chinesisch
- Kernkompetenzen
- Balanced Scorecard
- Lean Management
- Kundenorientierung
- Qualitätsmanagement

Lernen Sie ein paar Vokabeln Management-Chinesisch

Ob Sie Ihren Kleinbetrieb vor fünf Monaten gegründet haben oder vor fünf Jahren oder sogar schon vor 25 Jahren: Mindestens einmal wird Ihnen sauer aufgestoßen sein, wofür Sie alles verantwortlich sind. Für die Kundenakquise, für das Durchführen der Aufträge, für das Schreiben von Rechnungen, für die Verhandlungen mit der Bank, für die Einhaltung der Fristen beim Finanzamt, für die Nachfragen der Gewerbeaufsicht, für die Auseinandersetzungen mit säumigen Zahlern ... dies und vieles mehr ist allein Ihre Sache. Chefsache eben, zu erledigen am Feierabend. In solchen Augenblicken haben Sie bestimmt schon mal Ihren Bruder beneidet, der als Techniker bei einem großen Unternehmen angestellt ist. Jeden Monat bekommt er sein festes Gehalt aufs Konto, um den lästigen Papierkram wie Materialanforderungen und Reisekostenabrechnungen kümmert sich die Abteilungssekretärin, mit Ämtern und Behörden hat er nichts am Hut, dafür 30 Tage bezahlten Urlaub und freitags ab 16 Uhr Wochenende. Sie dagegen haben alles allein am Hals und grollen: „Die Welt ist ungerecht."

Zumindest in dieser Hinsicht ist sie das nicht, behaupten wir schlankweg. Denn erstens gehört Ihnen dafür auch der ganze Betriebsgewinn (abzüglich des Anteils etwaiger Mitgesellschafter und der Steuern). Zweitens dürfen Sie alles ziemlich allein entscheiden (na gut, vielleicht redet Ihr Partner oder Ihre Gattin ein kleines Wörtchen mit), und drittens hindert Sie niemand daran, sich ein paar Rosinen aus dem Konzernkuchen herauszupicken und zu schauen, ob Sie das, was die Großen so virtuos beherrschen, nicht im Kleinen für sich umsetzen können.

Werben Sie mit Ihren Kernkompetenzen

Eine dieser Rosinen sind zum Beispiel die oft beschworenen Kernkompetenzen. Im Gegensatz zu früher, als man die Kunden bescheiden selbst entdecken ließ, welche Stärken man hat, heben Großunternehmen heute deutlich hervor, was sie besondern gut können. Das ist verständlich, denn im weltweiten Wettbewerb müssen sich die Anbieter von der Konkurrenz unterscheiden, um von den Kunden wahrgenommen zu werden. Die beliebte Kapitelüberschrift „Unsere Kernkompetenzen" findet sich denn auch in jeder zweiten Firmendarstellung, sei es auf Papier oder im Internet. Die Kernkompetenzen manchen Unternehmens liegen in seinen unschlagbaren Produkten, die anderer in der exzellenten Qualität des Services, wieder andere Gesellschaften haben ihre Prozesse so perfektioniert, dass sie weitaus schneller und billiger produzieren können. Nur dass eine Firma alles besser macht als alle anderen, kommt in der Außendarstellung seriöser Unternehmen kaum vor. Es wäre zu dick aufgetragen.

Was können Sie daraus für sich mitnehmen?

Selbst wenn Sie als Ein-Mann-Betrieb unterwegs sind, haben Sie auf manchen Gebieten Stärken, die andere nicht vorweisen können. Machen Sie sich diese doch einmal bewusst! Vielleicht sind Sie unschlagbar in der Einhaltung zugesagter Termine? Oder Sie sind ein genialer Tüftler, der selbst das kniffligste Problem aus dem Weg räumen kann? Egal was, auf irgendeinem Gebiet sind Sie absolute Spitze. Behalten Sie es bitte nicht bescheiden für sich, sondern tun Sie das, was die Großunternehmen auch tun: Posaunen Sie es in die Welt hinaus. „Das sind meine Kompetenzen ...": A und B und vielleicht gerade noch C, aber dann ist Schluss, das nimmt Ihnen sonst keiner ab.

Ihre persönlichen Kernkompetenzen als Unternehmer ...

... sollten vor allem Effektivität und Effizienz sein. Also der Blick fürs Wesentliche! Viele Chefs und Chefinnen klagen über anhaltend hohe Arbeitsbelastung, doch am Ende kommt wenig dabei heraus. Woran liegt's?

Effektivität und Effizienz werden oft miteinander verwechselt oder gleichgesetzt. Beides ist falsch.

- Effektivität bedeutet, die *richtigen Dinge* zu tun.

Sie als Chef müssen alles wissen über Ihren Betrieb, aber längst nicht alles selbst tun. Nur das wirklich Wichtige ist und bleibt Chefsache! So bleibt Ihnen Zeit für das Wesentliche. An vorderster Stelle stehen dabei die Geschäftsplanung, das Handling der Finanzen, das Controlling, die Pflege der wichtigsten Kunden und die Mitarbeiterführung. Den Rest können Sie, wenn die Zahlen stimmen, an andere delegieren.

- Effizienz heißt, die *Dinge richtig* zu tun.

Die Effizienz kommt hinter der Effektivität. Wenn Sie sich also vorgenommen haben, das Controlling selbst zu übernehmen (Effektivität), dann machen Sie es bitte auch nicht Huschhusch, sondern gründlich und von Anfang an richtig. Eben effizient.

Falls Sie tatsächlich nicht wissen, worin Sie richtig gut sind, dann befragen Sie Ihr Auftragsbuch und Ihre Buchhaltung! Auch hier hilft Ihnen Ihr Controlling. Um festzustellen, wo Ihre Kernkompetenzen liegen, müssen Sie nur die letzten Aufträge durchsehen.

- An welchen Aufträgen haben Sie besonders gut verdient? (Ohne dass Ihnen von vorne herein ein Goldfisch an der Angel hing.) Lässt sich ein gemeinsames Muster erkennen, zum Beispiel alle Grafikarbeiten für Kleinbetriebe oder alle Elektroarbeiten im Zuge von Renovierungsarbeiten? Dann sind Sie möglicherweise der perfekte Grafiker für KMU-(kleine und mittlere) Betriebe oder der ideale Handwerkspartner in Sanierungsfällen? Okay, die anderen Jobs haben Ihnen auch nicht so viel Spaß gemacht? (Psycho)Logisch: Können hat viel mit Wollen zu tun.

- Zu welchen Arbeiten werden Sie besonders oft herangezogen? Dann werden Sie hier bestimmt überdurchschnittlich gute Leistungen abliefern.
- Werden Ihre Rechnungen in der Regel pünktlich bezahlt und kommen Ihre Kunden immer wieder zu Ihnen? Offensichtlich verstehen Sie sich ausgezeichnet auf Kundenpflege und Serviceorientierung. Das kann lange nicht jeder Selbständige von sich behaupten.
- Halten Sie Ihr Geschäftskonto den größten Teil des Jahres über in den schwarzen Zahlen? Legen Sie Geld zurück für die Steuern? Sie sind sorgsam und denken vorausschauend. So etwas freut nicht nur den Steuerberater, sondern auch jeden Kunden.

Sie sehen, worauf wir hinaus wollen: Verzetteln Sie sich nicht mit Ihrem Angebot und bieten alles für alle, sondern konzentrieren Sie sich auf Ihre Kernkompetenzen und diejenigen Zielgruppen, mit denen Sie einträgliche Geschäfte machen.

Die „Balanced Scorecard"

Die Balanced Scorecard wurde vor einigen Jahren von den Amerikanern Robert S. Kaplan und David P. Norton erfunden. Die beiden kamen auf den genialen Einfall, den Inhalt dickleibiger Managementbücher auf ein kleines (4 mal 5 cm), leichtes (zwei Gramm) und mit nur wenigen Worten und Ziffern bedrucktes Kärtchen zu reduzieren. In jeder Ecke gedruckt stehen die präzisen Bereichs- oder Unternehmensziele, die der Chef hinsichtlich Kundenzufriedenheit, Aktionärsgewinn, Marktanteil und Gewinn bis zu einem bestimmten Stichtag zu erreichen hat. Die Karte lässt sich leicht in der Brieftasche mitführen und sorgt dafür, dass nichts Wesentliches vergessen wird.

Die Balanced Scorecard betrachtet das Unternehmen aus den vier Perspektiven Finanzen (damit beschäftigt sich das Controlling in erster Linie), Kunden, Prozesse und Potenziale, also den Zukunftsmöglichkeiten des Geschäfts. In jedem dieser strategischen Bereiche müssen Manager und Unternehmer etwas tun, denn die rein finanzorientierten Kennzahlensysteme reichen für ein optimales Unternehmens-Controlling noch nicht aus. Um das Gleichgewicht zwischen langfristigen Strategien und kurzfristigen Veränderungen zu steuern, müssen sämtliche Einflussfaktoren berücksichtigt werden – also auch die nichtfinanziellen

Größen wie Geschäftsprozesse, die Marktentwicklung und die Entwicklung der Mitarbeiter. Die sind freilich bei jedem Unternehmen verschieden, und deshalb sieht die Balanced Scorecard des Unternehmers Müller auch ganz anders aus als die von Unternehmer Schulze.

Das könnte zum Beispiel die Balanced Scorecard, ausgerichtet auf das Geschäftsjahr 2007, eines Malermeisters sein:

Finanzen: • plus 8 Prozent Umsatz • plus 10 Prozent Gewinn • Raumkosten: minus 4,5 Prozent	**Kunden:** • plus 35 Neukunden • 50 Kunden nach Zufriedenheit befragen (telefonisch)
Prozesse: • minus 20 Prozent Rüstzeiten • Bessere Wegeplanung: durchschnittliche An- und Abfahrt	**Potenziale:** • Lehrgang Lackiertechnik buchen • Kooperation mit Elektriker planen

Was können Sie daraus für sich mitnehmen?

Eine ganze Menge, auch ohne dass Sie deshalb extra kleine Kärtchen drucken lassen müssen. Schauen Sie am Ende eines viertel, halben oder ganzen Jahres in Ihre aktuelle Betriebswirtschaftliche Auswertung und überlegen Sie sich, was Sie im nächsten Zeitabschnitt für Ihr Geschäft tun wollen, unterteilt in

- *Kunden* (mögliche Ziele könnten sein: „3,5 Prozent Umsatzsteigerung mit Kunde A" oder „Drei neue Kunden gewinnen“),
- *Prozesse* („Angebotsversand innerhalb von zwei Tagen statt bisher sechs“, „Am selben Tag mahnen, an dem das Zahlungsziel überschritten wird“),
- *Finanzen* („Senkung der Telefonkosten um 15 Prozent“, „Von jedem eingegangenen Rechnungsbetrag 20 Prozent auf das Steuerkonto überweisen“), und

- *Potenziale* („Zwei fachliche Weiterbildungen in diesem Jahr", „Endlich die Webseite fertig bauen") ...

... und versuchen Sie dann, Ihre Ziele auch wirklich in dieser Zeit zu erreichen. Denn darin besteht der unschlagbare Vorteil dieser Methode: Sie übersehen keine einzige Erfolgsdimension Ihres Unternehmens mehr!

Lean Management

Den Begriff „Lean Management" (etwa: schlanker Betrieb) haben Sie bestimmt schon einmal gehört, denn er sorgte vor rund zehn Jahren in den USA und Europa für erhebliches Aufsehen. Nach außen hin stand das Lean Management schlicht für Entlassungen von Mitarbeitern und wurde dementsprechend als unmenschliches Konzept attackiert. In Wirklichkeit verbirgt sich eine gute Idee dahinter, von der Sie auch profitieren können, wenn Sie überhaupt keine Mitruderer und Mitsegler an Bord haben.

Der Grundgedanke geht so: Alle Unternehmen neigen nach einer gewissen Zeit dazu, Speck anzusetzen, in der Produktion, im Vertrieb, vor allem aber in der Verwaltung (Gemeinkosten!). Das scheint ein Gesetz zu sein und gilt nicht nur für die ganz Großen. Selbst ein Fünf-Mann-Betrieb, bestehend aus Meister (dem Inhaber), einem erfahrenen Gesellen, einem jungen Gesellen, einem Lehrling und einer Bürokraft ist nach dem Lean-Konzept schon übergewichtig. Denn nur drei von den Fünfen erbringen tatsächlich fakturierbare Leistungen und müssen durch ihre Arbeit nicht nur sich selbst, sondern auch die anderen beiden „unproduktiven" Kräfte mit unterhalten. Jedem Controller ist ein solches Zahlenverhältnis ein Dorn im Auge. Mindestens 75 Prozent der Belegschaft – bei Betrieben unter zehn Beschäftigten mindestens 85 Prozent, also acht Vollzeit- und eine Teilzeitkraft – müssen unmittelbar an der Erledigung von Kundenaufträgen arbeiten, damit der Betrieb wirtschaftlich geführt wird.

Haben Sie das bitte im Hinterkopf, wenn Sie die Entscheidung abwägen, einen zusätzlichen Gesellen oder eine Kraft für die ungeliebten Büroarbeiten einzustellen. Die Lean-Beschwörer drücken es nicht gerade charmant aus, aber sie haben völlig Recht: Jedes Fettröllchen, dass sich um

Ihre betriebliche Taille legt, belastet Ihre Rentabilität. Aber jeder Muskel mehr erhöht Ihre Schlagkraft!

Die Aussage gilt natürlich auch, wenn Sie allein arbeiten. Hier sind es oft die Speckschichten unnötiger und unproduktiver Tätigkeiten, die an Ihren Kräften zehren und die Sie deshalb umgehend abbauen sollten. Ein paar Beispiele gefällig?

- Müssen Sie wirklich drei Mal in der Woche *Material einkaufen?* Mit ein bisschen besserer Planung genügt es unter Umständen zwei Mal im Monat. Sie sparen Zeit und Fahrtkosten. Und Sonderangebote gibt es immer wieder.
- Wie viel Zeit verbringen Sie tagsüber mit nicht geschäftswirksamen *Telefongesprächen* und dem *Surfing im Internet?* Schalten Sie konsequent den Anrufbeantworter an, wenn Sie zu arbeiten haben. Hören Sie den Apparat alle zwei Stunden ab und rufen Sie die Anrufer zurück. Aber nur, wenn es wirklich unumgänglich ist. Alle privaten Telefonate sollten Sie auf den späten Nachmittag oder auf den Abend verschieben. Und den Spaziergang im Internet sowieso.
- Lassen Sie sich angesichts eines Berges von Schreibtischarbeit nicht dazu verleiten, unwichtige, vielleicht sogar *überflüssige Tätigkeiten schnell zu erledigen* und dafür Wichtiges länger liegen zu lassen. Jeder freut sich, in einer Viertelstunde die Hälfte des Papierstoßes abgearbeitet zu haben. Aber blättern Sie lieber einmal rasch durch und werfen Sie dann wertlose Prospekte, Meinungsumfragen und Newsletter schwungvoll in den Papierkorb.
- Planen und bündeln Sie Ihre *auswärtigen Termine* so, dass Sie möglichst wenig Zeit und Kilometer dafür brauchen. Versuchen Sie, feste Wochentage für Kundenbesuche zu reservieren.

Schlanke Organisation, straffe Abläufe

Auch eine Organisation mit nur drei Personen, ja, selbst ein Grafikeratelier oder eine Rechtsanwaltskanzlei, bestehend aus Chef/in und Bürokraft, kann ineffizient strukturiert sein. Auch dort können sich über die Zeit hinweg Geschäfts- und Verwaltungsprozesse eingeschlichen haben, die überlang, überkompliziert, überteuert, überholt und überflüssig sind. Rätseln Sie auch immer wieder, warum sich große Unternehmen alle paar Jahre umstrukturieren und ihre Organisationen neu ausrichten? Die Antwort: Eingefahrene und nicht mehr zeitgemäße Abläufe sollen ersetzt, unnötiger Ballast abgeworfen und ein frischer Wind ins Haus geholt werden.

Denken Sie bei allem, das Sie tun, darüber nach:

- Muss ich das, was ich gerade mache, eigentlich überhaupt noch tun?
- Was passiert, wenn ich damit aufhöre?
- Was passiert, wenn ich dies und jenes an diesem Prozess verändere? Spare ich Geld, Zeit oder Nerven? Gewinne ich neue Kunden?
- Könnte ich unter neuen Umständen meine Arbeit schneller machen? Wie müsste das aussehen? Warum mache ich das dann nicht so?
- In seltenen Fällen: Fehlt etwas bei meinen Abläufen, was ich zusätzlich tun sollte, oder läuft der Prozess irgendwie unrund? Wie kann ich das abstellen?

Kundenorientierung

Als Handels- oder Handwerksbetrieb, als Agentur, als Künstler oder als Freiberufler leben Sie nicht von Ihrer Arbeit, sondern von Ihren Kunden (Klienten, Patienten, Mandanten ...), die Ihnen Ihre Arbeit zu einem ordentlichen Preis abkaufen. Deshalb schallt der Schlachtruf „Mehr Kundenorientierung!" seit Jahren immer lauter durch das Land. Alle Konzerne fahren gigantische Programme, um ihre Mitarbeiter zu einer höheren Dienstleistungs- und Kundenorientierung zu motivieren. Da ist was dran, leider besonders in der „Servicewüste" Deutschland. Wie oft haben Sie sich schon geärgert, weil Sie sich als Kunde nicht gut behandelt fühlten?

Zugegeben: Kundenorientierung hat nur am Rande mit Controlling zu tun. Aber von diesem Rand aus gehen entscheidende Signale direkt in die Buchhaltung! Denn nur dann, wenn Sie Ihre Kunden exzellent behandeln, werden Sie mehr Aufträge bekommen (Auftragseingang!), Ihr Geschäft vergrößern (Umsatz!) und dadurch Profitabilität und Rentabilität verbessern (Gewinn!). Machen Sie es deshalb genauso wie die Großen und stellen Sie nicht sich selbst, sondern Ihre Kunden in den Mittelpunkt Ihres Geschäftes.

Was die Kunden, quer über alle Branchen, von Herstellern, Händlern, Handwerkern und Dienstleistern wollen, steht dank zahlreicher Umfragen fest. Es sind diese fünf Punkte:

Faktoren der Dienstleistungsqualität

- Fachlich sehr gute Leistung:

Das sollte Ihr oberstes Ziel sein. Jeder greift mal daneben, jeder hat mal einen schlechten Tag, aber grundsätzlich sollten Sie sich stets bemühen, Spitzenarbeit abzuliefern. Und für Spitzenleistungen können Sie Spitzenpreise verlangen.

- Verständnis für meine Wünsche und Bedürfnisse:

Wenn Ihr Kunde „grün" will, dann bauen Sie ihm „grün" – und nicht „rot", nur weil Sie davon mehr verstehen oder noch genug Material am Lager haben. Akzeptieren Sie selbst ausgefallene (Termin-)Wünsche und rümpfen Sie nicht die Nase über die sinnlose Eile oder den vermeintlich schlechten Geschmack des Kunden. Er wird schon seine Gründe haben, nur erzählt er sie Ihnen eben nicht. Setzen Sie Ihr Fingerspitzengefühl ein: Bewahren Sie den Kunden dank Ihres Fachwissens zwar vor Fehlentscheidungen, aber versuchen Sie ihm auf der anderen Seite nichts einzureden, was er partout nicht haben will. Im Moment mag der Kunde zwar zustimmen, aber nach ein paar Wochen wird er sich darüber ärgern. Und dann bleibt der Folgeauftrag aus.

- Zuverlässigkeit:

Das Thema hatten wir schon bei der Auftragsplanung gestreift. Die Untersuchungen zur Faktoren von Kundenzufriedenheit beweisen es: Über eingehaltene Zusagen freuen sich die meisten Kunden noch mehr als über hervorragende Leistungen. Anders herum: Wenn Sie pünktlich kommen oder liefern, sieht Ihnen der Kunde auch mal einen Fehler nach. Und bezahlt seine Rechnung schneller.

- Glaubwürdigkeit:

Das bedeutet: Versprechen Sie Ihren Kunden niemals etwas, das Sie oder das von Ihnen hergestellte bzw. gelieferte Produkt nicht halten kann. Seien Sie unbedingt termintreu und sprechen Sie nicht mit Dritten über

Angelegenheiten Ihres Kunden. Diese altmodisch wirkenden Tugenden stehen in den Augen der Käufer immer noch ganz oben. Die wahrscheinliche Folge: Mit dem nächsten Auftrag kommt er wieder zu Ihnen.

- Erreichbarkeit:

Gerade als Ein-Mann- oder Ein-Frau-Betrieb ist es wichtig, für die Kunden immer oder zumindest fast immer erreichbar zu sein. Hängen Sie also während Ihrer Geschäftszeiten das Schild „Bin gleich wieder da“ nicht zu oft und nicht lange an Ihre Ladentür und bleiben Sie höchstens fünf Minuten weg. Als Handwerker oder Agent, der viel außer Haus arbeitet, können Sie sich vom Anrufbeantworter vertreten lassen, aber Sie sollten diesen dann zwischendurch öfter abhören und zurückrufen. Wenn Sie häufig auf Reisen sind, können Sie ein externes Sekretariat mit der Entgegennahme Ihrer Gespräche beauftragen und veranlassen, dass man Sie in dringenden Fällen benachrichtigt (monatliche Kosten, steuerlich absetzbar: etwa zwischen 200 und 400 Euro). Nicht so persönlich, aber über die Zeit hinweg wesentlich kostengünstiger ist ein digitales Geschäftstelefon, über das Sie ankommende Telefonate auf Ihr Mobiltelefon oder jede andere Telefonnummer, zum Beispiel in Ihre Wohnung, umleiten können.

Für die Urlaubswochen und etwaige Krankheitszeiten sollten Sie sich beizeiten ein tragfähiges Netzwerk aus Ihnen freundschaftlich gesonnenen Kollegen aufbauen. An die können Sie Ihre Telefonanrufe weiterleiten. Die Kollegen werden dem Anrufer mitteilen, wann Sie zurück sein werden oder können unter Umständen selbst einspringen. Sie revanchieren sich natürlich mit dem gleichen Service für die Kollegen. Es ist überaus unklug, den eigenen Anrufbeantworter mit der Abwesenheitsmeldung zu besprechen; Ferienzeit ist Einbruchszeit, und so leicht muss man es den finsteren Gesellen ja nicht machen. Ebenso verbietet sich ein Schild an der Eingangstür des Ladenlokals, es sei denn, Sie haben direkte Nachbarn, die ein Auge auf Ihr Geschäft haben.

Sie sehen: Jedes Plus an Kundenorientierung schlägt sich früher oder später in Ihrer Geschäftsbilanz nieder. Nämlich in Form höherer Umsätze!

Qualitätsmanagement

Keine Bange, wir wollen Ihnen an dieser Stelle nicht mit den standardisierten ISO-Qualitätsnormen, mit Qualitätszertifikaten und Qualitätsbeauftragten und Qualitätsaudits kommen. Das ist etwas für mittelgroße und sehr große Firmen. Freilich sollten auch Sie als Chef oder Chefin eines Kleinbetriebes penibel darauf achten, nur makellose Leistungen und funktionsfähige Produkte an Ihre Kunden abzugeben. Qualität zahlt sich nämlich aus, besonders dann, wenn Sie einen guten Preis dafür erzielen und Ihre Kunden zu Stammkunden machen möchten.

Mit der Qualität ist das so eine Sache: Man kann sie nachträglich an das geleistete Werk anflanschen (End-Qualitätskontrolle durchführen, Arbeitsleistungen drei Mal überprüfen, Vier-Augen-Prinzip: einen anderen als den dafür verantwortlichen Mitarbeiter kritisch drüber schauen lassen) oder von Anfang an einbauen. Das bedeutet: Dem Ausschuss einen harten Kampf ansagen! Damit ersparen Sie sich zwar nicht die Schlusskontrolle, verkürzen diese aber und ersparen sich kostspielige Nach- und Neuarbeiten. Deshalb wird dieser Weg von den meisten Unternehmen bevorzugt.

Vertrauen gegen Kontrolle: Die richtige Balance halten

Dass Sie, wenn Sie selbst zu Werke gehen, auf eine ordentliche Arbeit achten, versteht sich von alleine. Ebenso, dass Sie Ihre Mitarbeiter ständig dazu anhalten und grundsätzlich keinen Pfusch am Bau oder anderswo dulden. Zusätzlich brauchen Sie einiges an Erfahrung und Fingerspitzengefühl, um das Gleichgewicht zu finden zwischen dem Maß an Vertrauen, das Sie Ihren Leuten entgegenbringen können, und den notwendigen Kontrollen, die Sie als Betriebsleiter und Firmenchef durchführen müssen.

Solange Sie einem Mitarbeiter keine Wissenslücken oder konkretes Versagen vorwerfen können, sollten Sie immer davon ausgehen, dass ausgebildete und von Ihnen in die Aufgabe eingewiesene Fachkräfte ihr Geschäft verstehen, also Qualität erzeugen. Denn wenn Ihnen bei jedem Auftrag die Sorge ins Gesicht geschrieben steht, Ihr Mitarbeiter werde dabei ganz sicher etwas verkehrt machen, und wenn Sie Ihre Zweifel sogar offen ansprechen, dann bewirken Sie damit das Gegenteil von Motivation. Er ärgert sich, auch wenn er Ihnen das nicht sagt. Ärger aber lässt sowohl die Konzentrationsfähigkeit rapide sinken, weil man sich viel mehr mit seinem Zorngefühl beschäftigt als mit der Arbeit an sich, Frust verringert unsere Leistungsmotivation, und unterdrückter Zorn führt oft zu kindlichem Trotz: „Soll er es doch besser machen, wenn er sowieso alles besser kann ...". Und dann tritt das, wovor Sie sich fürchten, unter Garantie ein!

Häufige Kontrollen der Arbeitsleistung, also der Durchführung von Aufgaben und der Güte der fertigen Leistung, sind dagegen immer dann zwingend erforderlich,

- wenn Sie mit neuen, Ihnen von der Arbeitsleistung her unbekannten Mitarbeitern zusammenarbeiten,
- wenn Ihnen ein oder mehrere Mitarbeiter durch frühere Minderleistung aufgefallen sind,
- wenn die Stimmung im Betrieb über einen längeren Zeitraum hinweg gereizt und angespannt ist,
- wenn es um einen großen oder besonders wichtigen Auftrag geht, an dem womöglich ein Gutteil Ihre Existenz hängt.

Sie sollten dann aber Ihren Leuten unbedingt erklären, warum Sie in diesem Fall so pingelig vorgehen. Wenn sie es verstehen, werden Sie die nachteiligen Folgen der Kontrollen gekonnt umschiffen können.

Wenn Ihnen die Leistung eines einzelnen Mitarbeiters schon länger Anlass zur Besorgnis gibt, nützen auch doppelte und dreifache Qualitätskontrollen nicht viel. Das führt nur dazu, dass Sie mehr Arbeit haben, dass Sie sauer und ärgerlich werden und dass die oben genannten Frust-Symptome nun bei Ihnen auftreten. Wenn sich die folgenden Anzeichen häufen, müssen Sie so bald wie möglich mit dem Mitarbeiter sprechen:

- dauerhafte Leistung unterhalb des früheren Qualitätsniveaus,
- die Kunden beschweren sich,
- häufige oder anhaltende Gereiztheit,
- Müdigkeit, Abgeschlagenheit, häufige Fehlzeiten,
- Teilnahms- und Interesselosigkeit,
- der Mitarbeiter wirkt ständig überfordert und
- hat Schwierigkeiten, Alltags- und Routinearbeiten zu erledigen.

Sicher: Qualität kostet. Aber hier sind Controller außerordentlich großzügig. Denn was Sie heute an Kosten für die Qualitätssicherung sparen, verdüstert morgen schon Ihre Geschäftsergebnisse. Nichts ist so schwer zu korrigieren wie der Ruf, mangelhafte Leistung anzuliefern.

Checkliste für Ihr Qualitätsgespräch mit dem Mitarbeiter

- Forschen Sie bei nachlassender Leistung zunächst nach den Ursachen.
- Bieten Sie eventuell Entlastung, personelle Verstärkung oder andere konkrete Hilfe an.
- Während des Gespräches wirken Sie aufbauend und motiviert, nicht aber anschuldigend und destruktiv.
- Bitten Sie den Mitarbeiter vor allem um eigene Lösungsvorschläge.
- Setzen Sie diese nach Möglichkeit um und begründen Sie, wenn es nicht geht, warum.

Sie möchten wissen, wie zufrieden Ihre Kunden sind? Fragen Sie sie.

Wenn Ihnen die Zufriedenheit Ihrer Kunden wirklich am Herzen liegt – und wer kann dazu schon Nein sagen? –, dann lassen Sie sie das wissen. Befragen Sie die Kunden doch von Zeit zu Zeit, einmal im Jahr oder alle zwei Jahre, nach dem Grad ihrer Zufriedenheit mit Ihren Produkten und Leistungen. Sie schlagen damit gleich drei Fliegen mit einer Klappe:

- Sie gewinnen wertvolle Erkenntnisse für Ihre Angebotspalette, das Qualitätsmanagement, die Prozesse und Ihre Kundenorientierung.
- Ihre Kunden freuen sich über Ihr Engagement.
- Ihre Mitarbeiter werden entweder sehr stolz auf den Betrieb sein – oder schwarz auf weiß lesen, dass sie sich viel mehr anstrengen müssen.

Sie können die Kundenzufriedenheitsbefragung persönlich, schriftlich, telefonisch oder per E-Mail durchführen. Je weniger Kunden Sie haben, desto enger wird Ihre Geschäftsbeziehung sein und desto eher können Sie sich anlässlich eines Verkaufsgespräches oder der Abwicklung eines Auftrages danach erkundigen. Halten Sie die Ergebnisse unbedingt fest (Stichworte genügen), damit Sie später vergleichen können.

Wenn Sie viele Kunden haben, beschränken Sie sich am besten auf Stichproben. Suchen Sie sich dazu möglichst typische Kunden und typische Aufträge aus. Fünf bis sieben Prozent Ihrer „Normal-Kunden" sollten Sie schon befragen, damit die Stichprobe repräsentativ wird.

Die Beantwortung schriftlicher Befragungen verursacht den Kunden mehr Aufwand und keinen unmittelbaren Nutzen, deshalb fallen solche Ansuchen von Lieferanten oft unter den Tisch (vgl. ABC-Analyse, Kapitel 5). Bei einer telefonischen Umfrage sollten Sie darauf achten, den richtigen Zeitpunkt zu wählen. Freitags nach 16 Uhr und Montagmorgen sind erfahrungsgemäß ungünstig. Auf der sicheren Seite sind Sie mit einer kleinen Auswahl von bis zu zehn Fragen per E-Mail. Die kann der Kunde ausfüllen, wenn er Zeit hat und Ihnen per Tastenklick zurückschicken.

Professionelles Krisenmanagement

Jedes Unternehmen stolpert hin und wieder in eine Krise. Sei es, weil die Kunden auf einmal ausbleiben oder mehrheitlich die Zahlung verschleppen, sei es, weil das Wachstum ungesund finanziert wurde, die Konjunktur eingebrochen oder eine anhaltende Krankheit in der Belegschaft ausgebrochen ist. Manche Firmenchefs durchleben immer wieder Sinnkrisen, die sie an ihrer Selbständigkeit zweifeln lassen. Anderen wird die Finanzdecke zu kurz, und sie haben Schwierigkeiten, zusätzliches Fremdkapital zu bekommen. Kurz: Krisen – ausgenommen ernsthafte Existenzkrisen – sind Alltagserscheinungen. Sie sind wie Sturm, Blitz und Donner auf hoher See. Mit professionellem Krisenmanagement kann man das in den Griff bekommen. Und was milliardenschweren Konzernen gelingt, das schaffen Sie auch.

So meistern Sie die Krise –
eine kurze Anleitung für den nicht alltäglichen Gebrauch:

- Stellen Sie sich der Situation. Verdrängen hilft nicht, sondern verlängert nur Ihre Magenschmerzen.
- Holen Sie sich sachkundigen Rat (zum Beispiel am Runden Tisch, siehe nächste Seite). Hören Sie darauf.
- Seien Sie mutig. Kleine Schritte führen Sie nicht aus der Krise heraus. Sie müssen jetzt das Ruder komplett herumreißen, vielleicht das Schiff umbauen und die Mannschaft austauschen.

- Holen Sie sich emotionale Unterstützung bei Ihrer Familie, Ihrem Partner oder Ihrer Partnerin. Sie brauchen Kraft, und gegen zwei Gewitterfronten gleichzeitig können Sie nicht ansegeln.

Der Runde Tisch

Hoffen wir, dass Sie nie an ihm sitzen werden, aber falls doch, dann kennen Sie ihn schon mal: Der Runde Tisch ist eine Einrichtung der KfW Mittelstandsbank zur gemeinsamen Bewältigung von Unternehmenskrisen. Sogar eine höchst erfolgreiche, denn der Runde Tisch arbeitet an mehr als 50 Standorten in Deutschland und hat seit 1995 nicht weniger als 24.000 mittelständische Unternehmen betreut und zum weit überwiegenden Teil erfolgreich aus der Krise geholfen.

Bei Bedarf erhalten Sie von Ihrer zuständigen Handwerks- oder Handelskammer einen professionellen Unternehmensberater vermittelt, der mit Ihnen gemeinsam die Situation Ihres Betriebes analysiert und daraus Maßnahmenvorschläge ableitet. Der Berater begleitet Sie auch zu wichtigen Gesprächen, zum Beispiel mit Ihrer Hausbank. Alle Berater sind von der KfW geprüft, und – sicher die beste Nachricht von allen – die KfW übernimmt die Beratungskosten.

Werden Ihrem Unternehmen gute Fortführungschancen bescheinigt, steht Ihnen zur Umsetzung der am Runden Tisch beschlossenen Maßnahmen die Turn Around Beratung der KfW offen. Sie profitieren dabei vom Know-how professioneller Unternehmensberater, und die Beraterkosten werden zu 50 bis 65 Prozent von der KfW und dem Europäischen Sozialfonds getragen. Im Rahmen dieser Beratung entwickeln dann alle Beteiligten einschließlich der Hausbank eine praktikable Lösung, damit Sie wieder klar Schiff machen und auf Rentabilitätskurs zurückkehren können. Schauen Sie selbst im Internet: www.kfw-mittelstandsbank.de.

Schulzes Tagesbuch: Hier bin ich der Beste!

Als Chef seines florierenden Kleinbetriebes merkt Fred Schulze jeden Tag: „Ich bin zwar der Herr im Haus, aber im Grunde bin ich gleichzeitig Mädchen für alles.“ Ist ja irgendwie auch klar, denn eine große Schar von Mitarbeitern kann und will er sich gar nicht leisten. Und im Grunde fühlt er sich als verantwortlicher Alleinentscheider auch recht wohl in seiner Unternehmerhaut. Vor allem, wenn er an den Dauerstreit bei Peters & Wolff, dem Malerbetrieb im Ort, denkt. Ständig haben sich die beiden Inhaber in der Wolle. Schulze weiß das: „Zu viele Köche und ungeregelte Zuständigkeiten verderben jeden Brei.“

Bei seinem letzten Gespräch mit Steuerberater Scheitel hatte sich Schulze davon überzeugen lassen, dass es besser ist, unternehmerisch in kleinen Schritten gesund zu wachsen, als bei zu großen Sprüngen womöglich auf die Nase zu fallen. Außerdem hatte er auf Anregung von Scheitel eine Analyse seiner unternehmerischen Stärken und Schwächen vorgenommen. Er wollte herausfinden, wie er die Kunden am besten von der Leistungskraft seines Unternehmens überzeugen könnte. Was er dabei herausfand, überraschte ihn nicht schlecht: Schulzes Betrieb ist absoluter Spezialist in der Betreuung von Privat- und kleinen Geschäftskunden. Das konnte er aus der Kundendatenbank herauslesen. In der Auftragsabwicklung ist Schulze schnell und zuverlässig. Das zeigen die Einsatzzeiten je Auftrag. Keine Selbstverständlichkeit für einen Handwerksbetrieb. Allerdings musste sich Schulze auch ganz klar eingestehen: Bei Großprojekten fehlen ihm sowohl Erfahrung als auch die notwendigen Kapazitäten. „Und dass das mit dem Schulzentrum nicht geklappt hat, war im Rückblick sicher gut so.“

Seine mittelfristige Strategie lautet deshalb: Lieber viele kleine Kunden als nur wenige große. Bei Privatkunden ist er stark und gilt als kompetent. Hierfür steht ja auch der Erfolg seiner Werbeaktion im Einfamilienhausviertel. Besonders gut kam bei den Leuten an, dass sich Schulze – übrigens auch ein Tipp von Steuerberater Scheitel – zwei Wochen nach Erledigung eines Auftrages noch einmal bei jedem Kunden gemeldet und sich nach ihrer Zufriedenheit mit seiner Arbeit erkundigt hat. Damit schlug der Meister gleich zwei Fliegen mit einer Klappe: Zum einen fühlten sich die Kunden geschmeichelt, dass dem Handwerker die Qualität seiner Arbeit so sehr am Herzen liegt. Zum anderen bewirkte diese nette Geste offenbar, dass die Kunden ihre Rechnungen deutlich schneller bezahlten. *(Fortsetzung nach Kapitel 7)*

7 Weiter auf Erfolgskurs Controlling erleichtert die Navigation

- Entscheidungshilfen
- Kalkulationshilfen

Entscheidungshilfen

Haben Sie es gemerkt? Mit den Zahlen aus Ihrer Buchhaltung können Sie weit mehr anfangen, als sie dem Steuerberater zur Anfertigung des Jahresabschlusses in die Hand zu drücken. Das Controlling ist Ihnen als Kapitän am Steuerrad Ihres Firmenschiffes eine echte Hilfe in vielen Geschäftslagen, ganz egal, ob Sie gerade in einer Flaute oder unter vollem Wind segeln.

Bei fast allen strategischen Entscheidungen, die Sie als Unternehmer zu treffen haben, können Sie aus dem Controlling Handlungsempfehlungen ableiten. Meist liegt den Entscheidungshilfen ein bestimmtes Muster zugrunde, das Sie mit etwas Erfahrung in der Methodik unschwer für Ihre Zwecke variieren können. Auch wenn die Begriffe anfangs fremd und kompliziert klingen, die Sache selbst ist kinderleicht (wie übrigens fast alles im Controlling, das wissen Sie ja jetzt auch). Versuchen Sie es doch mal!

Stärken-Schwächen-Analyse

Noch bekannter als der Begriff Stärken-Schwächen-Analyse ist der englische Ausdruck SWOT-Analyse. Das Wort SWOT zieht die Anfangsbuchstaben der folgenden englischen Begriffe zusammen:

Strength (Stärken)

Weaknesses (Schwächen)

Opportunities (Chancen) und

Threats (Risiken)

Mit einer SWOT-Analyse können Sie feststellen, was nötig ist, damit Sie Ihre angestrebten Unternehmensziele erreichen. Es geht dabei aber nicht nur um die Offenlegung des Ist-Zustandes, sondern um das Erkennen von Veränderungen, damit Sie durch entsprechendes Denken und Handeln

- die *Stärken* Ihres Unternehmens erhalten und ausbauen und
- die *Schwächen* mindern und beseitigen.

Erwarten Sie nicht, dass Ihnen diese Methode auf Knopfdruck fix und fertige Lösungsvorschläge liefert. Das kann leider keine Methode der Welt. Sie kann aber Ihren Blick klären und auf ganz neue Zusammenhänge lenken. Dadurch werden Sie zu Schlussfolgerungen veranlasst – „Aha!“ – und auf neue Ideen kommen: „Das ginge vielleicht ...“.

Sie brauchen dazu:

Ihre letzte Bilanz oder EÜR, die aktuelle Betriebswirtschaftliche Auswertung (BWA), Kenntnis Ihres Marktes und gesunden Menschenverstand.

Zeichnen Sie sich das Muster auf ein Blatt Papier ab und tragen Sie in jedem Kästchen die entsprechenden Stichworte für Ihren Betrieb ein. Beginnen Sie mit den Stärken und Schwächen und wechseln Sie dann erst in die linke Hälfte, um sich anhand derer über Ihre Risiken und Chancen klar zu werden. Das ist Psychologie: So stehen die Chancen schließlich an erster Stelle und spornen Sie an, sie zu bergen!

Tipp: Die SWOT-Analyse macht sich leichter zu zweit mit einem Partner oder Mitarbeiter, der ebenso viel von Ihrem Geschäft versteht wie Sie.

Chancen

- z.B. mit neuen Produkten die Nachfrage bekannter Kunden wecken und bedienen
- z.B. Vertrieb auf Nachbarregionen ausweiten
- z.B. zu den Produkten neue Dienstleistungen anbieten (Finanzierung?)

Stärken

- z.B. hochqualifizierte Mitarbeiter
- z.B. weniger als 5 Prozent Fremdkapital
- z.B. 70 Prozent Stammkunden → Kundentreue

Risiken

- z.B. lokaler Markt schrumpft immer schneller
- z.B. wachsende Engpässe bei Lieferanten
- z.B. Personalbedarf kann nicht gedeckt werden

Schwächen

- z.B. geringe Veränderungsbereitschaft des Unternehmers
- z.B. keine neuen Produkte seit 6 Jahren
- z.B. drei neue Wettbewerber im letzten Jahr

Produktprogramm- /Dienstleistungsplanung

Wenn Sie wissen wollen, ob Sie Ihr Produkt- oder Dienstleistungsangebot verändern müssen, um in Zukunft wirtschaftlich noch erfolgreicher zu sein, dann machen Sie doch mal diese kleine Übung.

Dazu zerlegen Sie Ihr gesamtes Angebot in die einzelnen Produkte oder Dienstleistungen (DL). Das mag bei Händlern (Sortierung nach Warengruppen: Lackfarben, Dispersionsfarben, Grundierungen, Pinsel, Tapeten ...) leichter sein als bei Handwerkern oder Dienstleistern. Doch es geht auch hier, wie das Beispiel einer Rechtsanwältin zeigt:

DL A: Beratung ohne Prozessfolgen		
DL B: Mandate im Familienrecht	B1: Klagen	B2: Verteidigungen
DL C: Mandate Bürgerliches Recht	C1: Klagen	C2: Verteidigungen
DL D: Mandate Verkehrsrecht	D1: Klagen	D2: Verteidigungen

usw.

... oder das eines Fliesenlegers:

Produkt 1:	Fliesen von Fa. Müller
Produkt 2:	Fliesen von Fa. Mayer
Produkt 3:	Marmor und italienische Fliesen
Produkt 4:	Sanitärobjekte
DL 5:	Fliesenarbeiten innen ohne Fliesenverkauf
DL 6:	Fliesenarbeiten außen ohne Fliesenverkauf
DL 7:	Fliesenarbeiten innen mit Fliesenverkauf

usw.

Sie brauchen weiterhin dazu:
Wie oben, Bilanz oder EÜR, aktuelle BWA, Marktkenntnis und einen wachen Kopf.

Aktuelles Programm	Seit wann auf dem Markt?	Anteilige Umsatz-Entwicklung in den letzten 3 Jahren?	Anteilige Gewinn-Entwicklung in den letzten 3 Jahren?	Tendenz im laufenden Jahr	Verände-rungen im Markt? Im Wettbewerb? Verhalten der Kunden?
Produkt/ Dienstleistung A	Jahr	+/– x Prozent	+/– x Prozent	+/– x Prozent	...
Produkt/ Dienstleistung B	Jahr	+/– x Prozent	+/– x Prozent	+/– x Prozent	...
Produkt/ Dienstleistung C	Jahr	+/– x Prozent	+/– x Prozent	+/– x Prozent	...
...	...	...	...	...	...
...	...	...	...	...	...

Anhaltspunkte zur Auswertung:

- Wenn Sie *seit mehreren Jahren kein neues Produkt* und keine neue Dienstleistung mehr entwickelt haben, dann droht Ihnen – ungeachtet aller anderen Einflussfaktoren – geschäftlich Gefahr. Werden Sie kreativ, und zwar schnell. Denken Sie daran, dass man ein Produktangebot mit innovativen Dienstleistungen koppeln kann. Können Sie zusätzlich Konzeption, Service, Montage, Deinstallation, Wartung, Abraumbeseitigung, Transport oder Finanzierung bieten?

- *Dauerhaft gesunkene Umsätze* (möglicherweise trotz konstanter Produktgewinne) sollten Ihnen deutlich machen, dass dieses Produkt/diese Dienstleistung nicht mehr lange marktgängig ist. Sind neue Mitbewerber in Ihren Markt gestoßen? Sind Ihre Preise nicht mehr marktgerecht? Überzeugt die Form Ihres Angebotes nicht mehr? Haben Sie viele Kundenbeschwerden erhalten? Ziehen Sie hieraus Ihre Schlüsse: Was müssen Sie ändern?
- *Dauerhaft gesunkene Gewinne* bei konstantem Umsatz deuten auf größere Konkurrenz hin oder auf gestiegene Aufwände. Rechnen Sie Ihre Kalkulation neu durch, prüfen Sie Ihre Einkaufskonditionen und Stundensätze. Die klare Botschaft: Bei diesem Produkt müssen Sie von Ihren Kosten runter.

Einen weiteren, wichtigen Anhaltspunkt für Ihre Entscheidung kann Ihnen das Produktportfolio nach unten stehendem Muster geben.

Produktportfolio

Auch bei dieser Methode müssen Sie sich im ersten Schritt Ihre verschiedenen Produkte oder Dienstleistungen genau ansehen und in bestimmte Gruppen einteilen. Die Kriterien hierfür sind diesmal

Auf der senkrechten Achse:

Das *Wachstum des gesamten Marktes* für derartige Produkte oder Dienstleistungen

Auf der waagerechten Achse:

Der *relative (anteilsmäßige) Marktanteil Ihres Produktes* dabei

Beispiel:

Sie führen einen kleinen, nicht herstellergebundenen Telefonladen in der City und verkaufen Handys von fünf verschiedenen Produzenten (A, B, C, D, E) plus Zubehör. Aus der Fachpresse wissen Sie, dass Mobiltelefone der Firmen A und B in ganz Deutschland abgehen wie eine Rakete, die Geräte der Hersteller C und D dümpeln im Mittelfeld, und die Handys von E sind Ladenhüter. Jetzt prüfen Sie jede einzelne Warengruppe, also zuerst alle bei Ihnen erhältlichen Modelle von A, dann die von B usw. und sortieren Sie nach beiden Kriterien (allgemeines Marktwachstum und Ihr anteiliger Umsatzanteil) in die unten stehende Matrix ein.

Es kann dabei vorkommen, dass Sie einzelne Produkte zwischen zwei Kästchen einsortieren müssen, weil die Werte genau auf der Grenze liegen. Das macht nichts, dann gelten die in den Kästchen stehenden Aussagen eben nur zum Teil.

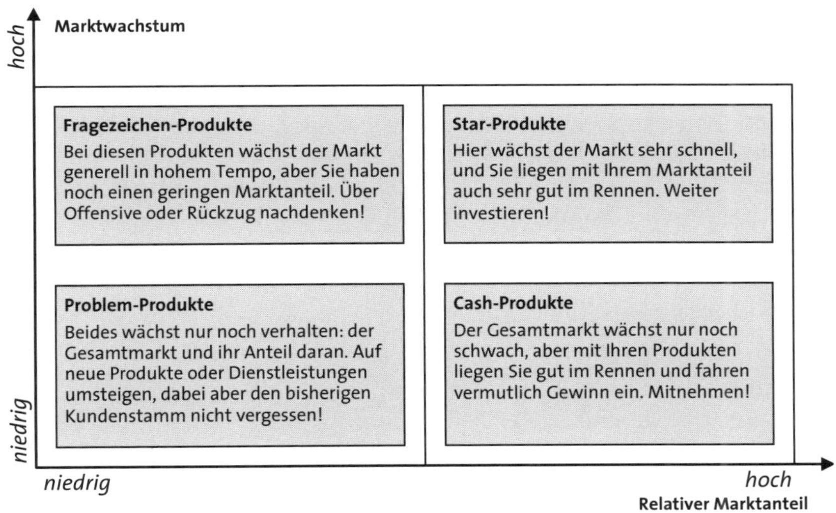

Entscheidend ist bei dieser Übersicht zweierlei: a) dass Sie Ihre Produkte und Dienstleistungen richtig einordnen, und b) dass Sie anschließend die richtigen Schlussfolgerungen für sich ziehen. Ein paar Hinweise finden Sie in den Kästchen des Portfolios.

Kalkulationshilfen

Wie Sie Ihre speziellen Produkte und Dienstleistungen, z.B. handwerkliche Arbeiten, kalkulieren, wissen Sie selbst am besten. Als Grundlage dienen normalerweise die Materialeinkaufspreise, Ihre Stundensätze für Arbeits- und Maschinenkosten, der geschätzte Arbeitszeitaufwand und die Gemeinkosten. Plus Gewinnaufschlag, natürlich.

Ermittlung der Gemeinkosten

Die direkten produkt- bzw. dienstleistungsbezogenen Kosten lassen sich leicht aus der Buchhaltung entnehmen. Ein wenig rechnen müssen Sie, um Ihre Gemeinkosten zu bestimmen. Dazu zählen Sie die unterschiedlichen Kostenpositionen wie Versicherungen, Bürokosten, Gebühren, Telefon, Vertrieb, Werbung etc. zusammen. Die Gesamtsumme Ihrer Gemeinkosten – in der Regel aus dem zurückliegenden Jahr oder, im ersten Geschäftsjahr, geschätzt für die kommenden zwölf Monate – dividieren Sie durch Ihr Auftragsvolumen im letzten Jahr bzw. im ersten Geschäftsjahr auf Ihre Auftragseingangschätzung für das vor Ihnen liegende Jahr.

Beispiel:

Gemeinkosten gesamt	12.000 Euro, geteilt durch
Auftragsvolumen	244.000 Euro
	= 0,049 = rund 5 Prozent Gemeinkostenaufschlag

Das bedeutet für Ihre Kalkulation: Sie addieren bei jedem Angebot zu den direkten, auftragsbezogenen Kosten 5 Prozent Gemeinkostenzuschlag plus Ihrem Gewinnaufschlag.

Preisuntergrenzen

Nach oben hin gibt es für Ihre Preise prinzipiell nur eine Grenze: Die des Marktes. Wenn Ihre Kunden bereit sind, für Ihre Dienstleistung oder für Ihre Produkte Mondpreise zu bezahlen – wunderbar. Nur sollten Sie sich dabei immer fragen, wie lange das gut gehen wird.

Nur streng nach dem Lehrbuch kalkulieren Sie Ihre Preise entlang Ihrer tatsächlichen Kosten, die Ihnen das Controlling liefert. Im harten Unternehmeralltag dagegen werden Sie oft gezwungen sein, Abstriche vom Preis zu machen, weil Sie den Auftrag unbedingt haben wollen. Unter Ihren eigenen Kosten anzubieten sollte aber die absolute Ausnahme sein, denn so verschenken Sie bares Geld. Versuchen Sie lieber, mit dem Kunden eine Vereinbarung über Folgeaufträge zu treffen, mit deren Preisen Sie die eingangs zugesetzte Marge wieder herausholen können.

Wenn Sie vom Wettbewerb zu extrem engen Kalkulationen gezwungen werden, ist es ratsam, auf jeden Fall auf Bezahlung der Fremdkosten (Materialkosten, Arbeitskosten) und Ihrer Gemeinkosten zu bestehen. Verhandlungsbereit können Sie sich allenfalls bei Ihren eigenen Arbeitskosten und bei Ihrem unternehmerischen Gewinnaufschlag zeigen. So arbeiten Sie vielleicht ein paar Stunden ohne Berechnung, aber Sie verlieren dabei kein Eigenkapital – „nur" Freizeit.

Nachkalkulation

Nachdem Sie einen Auftrag erledigt, die Rechnung geschrieben und Ihre Zahlung erhalten haben, sollten Sie Ihre vorangegangene Kalkulation noch einmal zur Hand nehmen und nachrechnen, ob Sie tatsächlich im kalkulierten Kostenrahmen geblieben sind oder ob sie an der einen oder anderen Stelle unerwartet zusätzlichen Aufwand hatten. Wenn dem eine Auftragsänderung des Kunden zugrunde liegt und Sie das belegen können, sollten Sie unbedingt nachverhandeln. Oft ist das aber nicht möglich, weil sich der Kunde auf Ihr früheres Angebot bezieht und jede Mitschuld an dem gestiegenen Aufwand empört von sich weist. Oder weil der Wettbewerb in Ihrer Branche so hart ist, dass Sie es sich nicht erlauben können, sich mit dem Kunden anzulegen. In solchen Fällen werden Sie in den sauren Apfel beißen und den Zusatzaufwand selbst tragen müssen. Merken Sie sich das aber für Ihr nächstes Angebot (insbesondere für denselben Kunden) und kalkulieren Sie von Anfang an ein bisschen großzügiger. Für sich!

Schulzes Tagebuch: Land in Sicht!

Fred Schulze ist zufrieden. Nächste Woche hat er wieder einen Termin mit Steuerberater Scheitel zur Besprechung der Halbjahres-BWA. Dieses Mal fühlt er sich nicht genervt, sondern gut gewappnet. „Hab' die Dinge einfach besser im Griff", hat er zuletzt sogar am Stammtisch erklärt „und viele Sachen vorher einfach unterschätzt." Heute fühlt sich Schulze mehr als Unternehmer als noch vor einem halben Jahr. „Weil ich bei aller Arbeitsbelastung einfach das Gefühl habe, planvoller und zielgerichteter zu arbeiten."

Letztens hat Schulze sogar einen Vortrag bei einem Gründer-Seminar seiner Handwerkskammer gehalten. Thema: Controlling. Seine Argumentation war überzeugend: „Controlling nimmt dir keine Entscheidung ab. Du musst alles selbst machen und verantworten. Aber ähnlich wie das Navisystem im Auto gibt dir Controlling eine Menge Empfehlungen an die Hand. Diesen Tipps kannst du folgen oder dir einen anderen Weg suchen. Du bist der Unternehmer. Du triffst die Entscheidungen."

Auch in Sachen Werbung hat Schulze viel gelernt. Zum Beispiel, dass es nicht auf den tollsten Prospekt ankommt oder auf die größte Anzeige. Den größten Werbeerfolg seiner Selbständigkeit hatte er mit der unentgeltlichen Reparatur des Wasserleitungssystems im städtischen Kindergarten. Die Kommune hatte dafür kein Geld und hätte den Kindergarten sonst bis zur Beseitigung des Schadens schließen müssen. Davon erfuhr Schulze am Stammtisch und bot sich sofort an, nur die Materialkosten wollte er ersetzt haben. Ein genialer Schachzug: Der Bürgermeister bedankte sich persönlich und sorgte im Gegenzug für einen gut organisierten Pressetermin, der Schulze mit Foto in alle wichtigen lokalen Tages- und Wochenzeitungen brachte. Auch der Dank der Elternschaft war ihm sicher, die sich auf diese Weise nicht um die in der Gegend rar gesäten Alternativen für ihre Kinder umsehen mussten. Günstig dabei war natürlich, dass der Kindergarten mitten in einem Neubaugebiet lag – wo sich der ein oder andere Hausbesitzer in der Folge an den „selbstlosen Helfer" wandte. Diesmal natürlich gegen Bezahlung. „Unterm Strich hab' ich nach Abzug der Kindergartensache mehr verdient als ausgegeben“, ist Schulze zufrieden. „Jede noch so kleine Zeitungsanzeige hätte mich mehr gekostet.“

Er ist sicher: „Controlling trägt mit dazu bei, dass ich meinen Betrieb heute bewusster führe. Die Idee mit dem Kindergarten wäre mir noch vor einem Jahr sicher nicht gekommen. Da hätte ich wahrscheinlich einfach einen Prospekt gedruckt. Nur, um was zu machen.“ Dank seiner Konzentration auf die Stärke „Privatkunden“ ist sein Auftragsmanagement planbarer geworden. Zudem sind seine eigenen Ansprüche an sich realistisch erfüllbar und nicht überzogen. Schulze weiß heute, wo er gut ist und wo er noch Aufbauarbeit im eigenen Haus leisten muss. Schulze ist weit gekommen.

Register

Die Autorin

Christine Demmer ist Wirtschaftsjournalistin, Buchautorin, Managementberaterin und Coach in Wiesbaden.

Der Herausgeber

Die KfW Bankengruppe

Die KfW Bankengruppe gibt weltweit Impulse für Wirtschaft, Gesellschaft und Ökologie. Als Banker arbeiten wir jeden Tag effizient. Als Förderer stehen wir für den Sinn und die Nachhaltigkeit unseres Tuns. Dabei fließt der Verdienst unserer Arbeit zurück in die Förderung und die langfristige Sicherung unseres Förderpotenzials. Als einfallsreiche Bank fördern wir nicht nur Innovationen, sondern entwickeln selbst verstärkt neue Finanzierungsinstrumente für unsere Kunden und Partner. Unsere Kompetenz und Erfahrung bündeln wir in fünf starken Marken.

Die KfW Förderbank: Sie ist die richtige Adresse für alle Maßnahmen der Produktbereiche Bauen, Infrastruktur, Bildung, Soziales und Umwelt. Durch zinsgünstige Kredite fördern wir den Wunsch vieler Bürger nach privatem Wohneigentum genauso wie den Willen zu umweltbewussten Modernisierungsmaßnahmen. Als KfW Förderbank unterstützen wir ebenfalls Unternehmen, die in Umwelt- und Klimaschutz investieren, kommunale Infrastrukturmaßnahmen sowie Aus- und Weiterbildung.

Die KfW Mittelstandsbank: Der Name ist Programm. So konzentrieren wir hier alle unsere Förderaktivitäten für Gründer und mittelständische Unternehmen. Zum einen sind das die klassischen, langfristigen Kredite, zum anderen sind es innovative Programme, deren Ziel es ist, die Eigenkapitalbasis der Unternehmen zu stärken. Beides offerieren wir unseren Kunden über deren Hausbanken. Zielorientierte Beratung gehört selbstverständlich zum Geschäft.

Die KfW IPEX-Bank: Unsere Export- und Projektfinanzierung tritt unter dem Dach der KfW Bankengruppe als KfW IPEX-Bank auf. Sie agiert kunden- und wettbewerbsorientiert zu marktüblichen Bedingungen. International tätigen Unternehmen steht sie als langfristiger, verlässlicher Partner mit passgenauen Finanzierungen zur Seite. Zu den Finanzierungslösungen, die die KfW IPEX-Bank ihren Kunden anbietet, gehören Strukturierte Finanzierungen, Projektfinanzierungen, Corporate Loans und klassische Exportfinanzierungen. Der Erfolg der KfW IPEX-Bank beruht vor allem auf den langjährigen, weltweiten Erfahrungen in den wichtigsten Märkten und Industriesektoren.

Die KfW Entwicklungsbank: Im Auftrag der Bundesregierung finanziert sie Investitionen und Beratungsleistungen in Entwicklungsländern. Dabei arbeitet sie in der Regel mit staatlichen Institutionen in den entsprechenden Ländern zusammen. Ihr Ziel ist der Auf- und Ausbau einer sozialen und wirtschaftlichen Infrastruktur, die Schaffung leistungsfähiger Finanzinstitutionen, aber auch die Sicherung von Ressourcen und einer gesunden Umwelt.

Die DEG: Als Partner der Privatwirtschaft unterstützt sie Unternehmen, die in Entwicklungs- und Reformländern investieren wollen. Gefördert werden rentable, umweltverträgliche und entwicklungswirksame Projekte in allen Wirtschaftssektoren. So schafft sie die Grundlage für nachhaltiges Wirtschaftswachstum – und eine Verbesserung der Lebensqualität für die Menschen vor Ort.

Die KfW Bankengruppe hat sich darüber hinaus zum strategischen Partner von Wirtschaft und Politik entwickelt. Als Berater des Bundes liefern wir das Know-how bei der Privatisierung von Bundesunternehmen. In seinem Auftrag führen wir auch die Bundesanstalt für vereinigungsbedingte Sonderaufgaben (BvS) und die Entschädigungseinrichtung der Wertpapierhandelsunternehmen.